Étiemble, Professor an der Pariser Sorbonne

China

Studie über Erotik und Liebe
im alten China

69 farbige Illustrationen;
93 schwarz-weiße Illustrationen

W0198350

WILHELM HEYNE VERLAG
MÜNCHEN

2. Auflage

Genehmigte, ungekürzte Taschenbuchausgabe
Copyright (C) 1977 by Nagel Verlag, Genf
Printed in Germany 1980
Umschlaggestaltung: Atelier Heinrichs, München
Layout: Helmut Burgstaller, München
Satz: Fotosatz Atelier Klaus Scheiderer, München/Martinsried
Druck und Bindung: Friedrich Pustet, Regensburg

ISBN 3-453-35201-7

Inhalt

›Chinesische Schönheit‹. Album, aus 12 Tafeln
bestehend, von denen sechs hier wiedergegeben sind.

Vorwort

Fünf Jahre des Studiums und der Vorbereitung machten es möglich, diesen Band entstehen zu lassen. YUN YU (wörtlich: Wolken und Regen) – ein Bild aus der Legende der Frau vom Schamanenberge – bezeichnet im Chinesischen den Liebesakt.

Unser besonderer Dank gilt Herrn Professor Etiemble für seine intensive und wertvolle Mitarbeit, die er uns während der ganzen Zeit der Vorbereitung zu diesem Werk angedeihen ließ; die Erwähnung seines Namens genügt, um damit eine hervorragende Arbeit zu verbinden, die wir mit dieser ausgezeichneten Analyse vorlegen.

Weiterhin danken wir Herrn Etienne Dennery, Verwaltungsdirektor der Nationalbibliothek in Paris, für seine freundliche Genehmigung, einige unter seiner Obhut stehende Dokumente abdrucken zu dürfen. Unsere Danksagung richtet sich auch an die Herren Charles Ratton und Lucien Biton in Paris, Wang Fang Yu in New Jersey und J.L. Chen in Hongkong, die uns ihre Privatsammlungen öffneten.

Zum Schluß sei es uns erlaubt, den Herren M. Girard und H. C. Tseng für ihre wertvollen Hinweise zu danken.

Seite 8–20
Illustrationen zu einem in der Ming-Epoche
erschienenen Werk. Anonym. 16.–17. Jh.

與大發拋娥登牀盡展其未展之趣
能爇朱層不能啓盎然潮面春不復為
笑語不覺聞鷄鳴之聲次夕生復聚
床會生狎巧珠二再三推阻連城翠
展佳哭巧珠愁思形于顏色生曰我
笑曰人間樂事皆送苦痛中博來今
何浮樂人之樂生哭復爇曰無煩二
欸溫存護持痛惜自是而情少溢矣

I

Die Jadeflöte

Das Jahr 1928. Ich bin neunzehn Jahre alt. Frisch aus der Provinz angeschwemmt und während sechs Monaten in Paris kaum zu mir gekommen, beginne ich zu ahnen, warum es mir stickig wurde im Lande der Nachtgeschirre, von deren Boden dich ein Auge − und bei Gott, das des Kain − eigensinnig anstarrt und verdammt. Als ich endlich erraten hatte, daß unser von jüdisch-christlichen Verboten gänzlich verschüttetes Sexualleben dem Neffen meines Onkels, des Herrn Pfarrers, dem Chorknaben nicht anstand und niemals passen würde, führte mich − ungeziemenderweise ohne Zweifel, aber schließlich war ich damals achtzehn Jahre alt geworden − eine mehr das Gemüt berührende als intellektuelle Neugier drängend und unwiderstehlich zu einer Sammlung von Liebesliedern, durch deren Inhalt ich etwas zu finden hoffte, was mich von meinem Hinterwäldlertum befreien könnte. Von den *Ghaselen* des Hafiz bis zu den *Rubaiyat* des Chayyam, von den *Hetärengesprächen* des Lukian bis zu den *Liebesliedern* des Hoggar, vom *Garten der Zärtlichkeiten* bis zur *Verssammlung der Aphrodite;* aus ihnen allen suchte ich den wahren Kern zu begreifen: diesen himmlischen Eros, von dem Plato gesprochen hatte und von dem ich fühlte, daß er sich nur in dieser Welt erfüllen könnte.

Die griechischen Flötenspielerinnen, die Auletriden, die ich in meiner Vorstellung mit allerlei angelesenen Merkmalen aufbaute, dienten mir als Gegengewicht, wenn ich an unsere Kokotten, unsere Prostituierten dachte. Etwas weniger naiv hätte ich bei Lukian hinter dem Auftritt der Flötenspielerin das hektische Getriebe und das Gewöhnliche unserer Bordelle erkennen können: statt die Flöte der Parthenis zu zerbrechen, zertrümmert man das elektrische Klavier, das ist der ganze Unterschied. Ich war noch hinreichend vom Christentum geprägt, um den Huren einen Hundert-Sous-Schein zu spendieren, wenn ich einen übrig hatte, der sie − das sollte ich wenigstens glauben − davon entheben würde, mindestens mit einem Kunden zu schlafen; es kam so weit, daß mich die Auletriden, denn ich verband sie ja mit der Prostitution, fast ebenso genierten wie meine ersten Gymnasiastenerlebnisse in den Bordellen von Rennes, Saint-Brieuc, Nantes oder Laval.

Nun aber spielt, an den Stamm eines blühenden Pfirsichbaumes, eines Pflaumenbaumes, vielleicht auch eines Kirschbaumes gelehnt, in dem ein Vogelpärchen sitzt, das man sich als verliebt vorstellen muß, eine junge, mit fließenden rosafarbenen und grünen Gewändern bekleidete Chinesin die Flöte: eine Flöte von einem Grün, welches dunkler noch als das des Kleides ist; ein Grün, das ich als Jade ansehe. Während mich das Motiv bei Lukian an eine Szene in einem Hurenhaus erinnerte, vermittelte mir die chinesische Flötenspielerin in einer Darstellung, die aus der Ming- oder Ts'ing-Zeit übernommen war, eine Schäferidylle im Reinzustand. Hierzu war der folgende erste Text:

ICH SCHWEIFE UMHER

»Wildvögel ziehen in schwarzen Zügen über den Himmel.
Und in den Bäumen sieht man verlassen die Nester.
Drückender scheinen die Berge. Nah meiner Quelle
Fand ich die Flöte aus Jade, die ich verlor, diesen Sommer.
Unserem Suchen verbarg sie das hohe Gras.
Aber das Gras ist tot, und deine Flöte
Glänzte heut in der Sonne, am Abend.
An unsere Liebe hab' ich gedacht, allzulange
Blieb sie in unseren Skrupeln begraben.«

Das Symbol erschien mir schön und von einer vollkommenen Unschuld!

Unschuld, oh, du erste Heuchlerin! sagt Laurent Tailhade durchaus zu Recht.

Ohne daß ich herausbekommen konnte, was an dem Inhalt obszön, oder wenigstens beunruhigend, sein sollte, war mir die Zeile »ich habe das Do meiner Klarinette verloren, ah!, wenn mein Vater davon wüßte, tralala!« seit meiner Kindheit im Gedächtnis geblieben. Die Klarinetten hatten für mich noch etwas Suspektes, als mir aus China diese Flöte aus kostbarem Stein in die Hände gelangte: Sie vertrieb mir nicht nur die Klarinette, sondern überdeckte auch ein anderes empfindsames, paus- und rundbäckiges Erinnerungsstück, nämlich das einer meiner Tanten, die so wenig musikalisch wie nur irgend denkbar war, die aber ein melomaner Ehemann (der überdies, wie mir sehr viel später aufgegangen war, ein ziemlich warmer Bruder gewesen ist) zu einer Heimflötistin umbilden wollte.

Die Himmlischen, Söhne des Himmels hat man sie zu Recht genannt. Die Chinesinnen waren demnach, warum hatte ich nicht eher daran gedacht, die Töchter des Himmels: himmlische Produkte eines himmlischen Reiches. Sogleich wurde für mich meine zierliche Chinesin, die ich nicht ohne vergebliche Begierde betrachtet hatte, das Abbild meines himmlischen Eros.

Gesegnete Unschuld! Während einiger Jahre hatten die Reinheit des Jade, die blühenden Bäume, die Chinesin in langen Gewändern, die ein zierliches Instrument spielte, zusammengewirkt, mich vom Zeichen der Taufe befreien zu helfen, von dem mein Onkel, der Herr Pfarrer, zugesagt hatte, daß es untilgbar wäre.

Viele haben, hoffe und fürchte ich, diese *Jadeflöte* gelesen und sich ebenfalls eine völlig andere Vorstellung davon gemacht. Wohl wirklich nur aus Mangel chinesischer Elementarkenntnisse habe ich weder das Symbol der Flöte noch folglich den Sinn des einleitenden Gedichtes verstehen können. Wenn Judrin meint, »ich bin aus dem Holz, aus dem man die Jadeflöten macht«, frage ich mich, ob er wirklich weiß, was er sagt. Wenn ja, ist der römische Katholik, als der er gilt, noch einmal davongekommen.

Im Jahre 1929 schrieb ich mich in der Ecole des Langues Orientales ein, um Chinesisch zu studieren, aber ich geriete in Verlegenheit, sollte ich den Tag, ja, selbst das Jahr bestimmen, da ich den genauen Sinn der *Jadeflöte* erfahren hatte. Keiner meiner Professoren erläuterte mir diesen Begriff; Ich mußte bei zufälliger Lektüre selbst umhertappen. Für den Gymnasiasten, den zehn Jahre Gymnasium mit Internatscharakter zu einem enormen Argot-Vokabular verholfen hatten, das außer unter uns jungen Rüpeln, die wir damals waren, keine Verwendung finden durfte, war es höchst erstaunlich zu sehen, wie diese Wörter sich zu kostbarem Stein, zu Jade, läuterten. Dem *yu-men,* der Jadepforte, entspricht das *yu-ti,*die Jadeflöte, die die Frau mit ihren Fingern und ihrem Mund genauso keusch zu beleben weiß wie es unlängst auf dem Titelblatt meiner *Jadeflöte* die Tochter des Himmels in ihren entzückenden grünen und rosafarbenen Gewändern tat. Gleichzeitig erfuhr ich, daß das weibliche Geschlecht auf chinesisch *Zinnoberfeld (tan-t'ien),* im Wortschatz der taoistischen Philosophen, heißt.

Nun ist ein *tan-hsin,* ein *Zinnoberherz,* dort ein *reines Herz.* Ungeachtet der überaus wertvollen Eigenschaften des Zinnobers, der in der taoistischen Alchemie mit der Droge der Unsterblichkeit verbunden wird, könnte man dabei wegen seiner roten Farbe die Spur einer realistischen, oder wenigstens einer realistisch-poetischen, Anschauung finden, etwa dem *rosafarbenen und schwarzen Juwel* unserer Poesie und Erotik vergleichbar. Aber sollte man das *tan-hsin,* das *reine Herz,* das *Zinnoberherz* für realistisch halten? Da ja das Chinesische, um die Vulva zu bezeichnen, den Ausdruck *yu-men, Jadepforte,* gebraucht, mit dem es einem niemals die Vorstellung von einem rosafarbenen und schwarzen Juwel zur Deckung zu bringen gelänge, da aber auch andererseits der Jade ebenso wie der Zinnober den Begriff »Herz« näher bezeichnet, um dessen Reinheit hervorzuheben, so war weiterer Zweifel für mich unstatthaft! Indem das Chinesische zu den Begriffen Zinnober und Jade Zuflucht nahm, um damit umgangssprachlich das weibliche bzw. das männliche Geschlecht zu bezeichnen, deklassifizierte und demaskierte es unsere Sprachen und unsere Sitten.

Wieweit wir verdorben und voreingenommen sind, konnte ich feststellen, als ich im Wörterbuch von Mathews, das absolut nicht für Schüler, sondern für Sinologen gedacht ist, das *yu-men,* das *yu-ti* und das *tan-t'ien* nachschlagen wollte. Als protestantischer Missionar wagte Mathews nicht, diese Dinge beim Namen zu nennen, diese skandalösen Begriffe, diese natürlichen Gefäße, übernatürlichen Gattungsbegriffe, diese Pforten und Flöten aus Jade. Wenn man gegen die Grobheit eines gewissen Vokabulars empfindlich ist, welche Genugtuung bereitet es einem dann zu entdecken, daß unsere Prostata im Chinesischen »Pforte des Schicksals« und »Pforte des Lebens« die Samenbläschen genannt werden, daß die Menses zum »Strom der Pfirsichblüte« werden und unser Samenerguß ihre »Jadequelle« ist. Bei den zahlreichen Benennungen des Koitus gefällt mir besonders, daß viele nichts anderes als reine poetische Anspielungen sind: das *Feld des Wu,* der *Blütenkrieg* beziehen sich auf eine Anekdote, die von dem Historiker Szu-ma Ts'ien überliefert wird. Das gleiche Prinzip, die literarische Anspielung, verschönt den Begriff, der für die gleichgeschlechtige Liebe verwendet wird: *tuanhsiu,* »den Ärmel abschneiden«. Der letzte Kaiser der Frühen Han-Dynastie (er regierte in den Jahren 6 – 1 v. Chr.), der wegen seiner Lieblinge berühmt war, fand sich eines Tages just in dem Augenblick eine Audienz zu geben genötigt, als sein teuerster Geliebter auf dem kaiserlichen Ärmel ruhte. Den Jüngling wecken? Aber nicht doch; der Herrscher zog sein Schwert aus der Scheide und durchtrennte den Stoff, damit der Schlafende nicht erwachte.

Sicherlich müssen wir vor der Phantasie des Philologen auf der Hut sein und diese Nomenklatur nicht wörtlich nehmen; die Chinesen haben auch ihre obszönen bzw. groben Wörter. Unter den Mandschus wurde das Wort für »Schildkröte« tabu, die als Symbol für das männliche Glied galt. Ich finde es jedoch sehr beachtlich, daß es neben diesen Wörtern viele Ausdrücke gibt, die ebenso anmutig sind wie das *faire catleya* (catleya: einlappige Orchidee mit großen vielfarbigen Blüten) des Marcel Proust. Schließlich benutzt derjenige, der aus der *Jadequelle* trinkt, die beiden Substantive »Quelle« und »Jade«, die jede eine Begriff der Reinheit ausdrücken. Die chinesische Religion hatte begriffen, daß Liebe und Lust reine Dinge sind.

Wenn wir zur chinesischen Erotik Zutritt finden wollen, müssen wir uns zuerst von dem Sündenbegriff frei machen, von der

Opposition zwischen dem absolut schlechten Fleisch und dem Geist, der absolut rein wäre. Was mit dem Zinnober und der Jade verglichen werden muß, sind das männliche und das weibliche Geschlecht.

Gewiß, wenn wir auch nur summarisch den die Liebe und die Lust betreffenden chinesischen Wortschatz betrachten, finden wir darin gewisse Wörter und Wendungen, welche deutlich machen, daß der Geschlechtsverkehr ebenso wie bei uns praktiziert und interpretiert wird. Wenn es sich um einen Hengst handelt, so sagt der Chinese *tiao ma* – »eine Stute bespringen«, wobei er das Verbum *tiao* benutzt, das zugleich »bespringen, beschälen« bedeutet; dabei erinnern wir uns, daß auch wir umgangssprachlich »ein Mädchen bespringen« sagen. Wenn der Chinese ferner *shang ma* – »zu Pferd steigen« in erotischem Sinne verwendet, was wollte er in seiner Weise anders ausdrücken als wir mit unserem »ein Mädchen zureiten«. Eine andere Wendung aus der Pferdezucht ist der Gebrauch von *yu,* wo er im eigentlichen Sinne »einen Wagen fahren« bedeutet und dann metaphorisch (genau das, was uns der Jargon der Zuhälter liefert) »ein Pferdchen laufen lassen« heißen kann. Ich bin auch nicht weiter darüber erstaunt, wenn ich sehe, daß der Gedanke von dem Pfeil, den man abschießt, dem Schuß, den man feuert, im Chinesischen dieselbe bildhafte Verwendung wie bei uns und bei vielen anderen Völkern findet.

»Handgerecht sein«, von einer Prostituierten gesagt, hat eine fast vollständige Entsprechung im modernen Chinesischen; und wenn die Kerze, in unseren Liedern z.B. »die Kerze, die keinen Docht am Ende hat«, im sexuellen Sinne gedeutet werden muß, so besagt »die große Kerze anzünden« im Chinesischen »gut lieben«, während »die große Kerze aufhängen« den Sinn »die Liebe nach Art eines Windspiels vollziehen« wiedergibt.

Wie hätte ich nicht mit Interesse bemerkt, daß, wenn die Chinesen Vögel treten sehen und den Ausdruck *chiao-wei* (sie vermengen ihre Schwänze) gebrauchen, dasselbe Wort *chiao* auch für Menschen in den Wendungen wie *chiao-huai* oder *chiao-ho* gilt, wo die Wörter *huai* und *ho* die Vorstellung von Harmonie, von Vereinigung hervorrufen. Der Ausdruck *chiao-tsie* indessen verdoppelt die Idee der Vereinigung, die schon durch *chiao* bezeichnet wird, und vermittelt etwa den Begriff der Gemeinschaft. In Verbindung mit dem Wort *hsing,* welches »Natur, Sexus« bedeutet, bringt dasselbe Wort *chiao* den Koitus zum Ausdruck, die sexuellen Beziehungen. Andere Komplexe beinhalten nichts, was uns überraschen könnte: *yang feng* z.B., der männliche Specht, und *jou chü* »das Gerät des Fleisches« (ein ziemlich vulgärer Begriff) sind uns vertraute Vorstellungen. Wenn das Zeichen *jeh* als obszön gilt, so wohl deswegen, weil die Schreibung ein wenig zu sehr deskriptiv scheint: das Zeichen *ju* = »eintreten, eindringen« ist mit dem Zeichen *jou* = »Fleisch« verbunden.

jeh ju jou

Gewisse Termini sind für uns jedoch wichtiger, da sie uns zur eigentlich chinesischen Konzeption des Koitus führen. So werden die beiden Zeichen *feng* und *yun* zu *feng-yun* vereinigt, Wort für Wort »Wind« und »Wolke« bedeutend, oder auch die beiden Zeichen für »Wolke« und »Regen«: *yun-yu.* Eine Legende interpretiert diesen Ausdruck in poetischer Form:

Ein sagenhafter Prinz, der sich zum Schamanenberg (östlich von Szu-ch'uan) begeben hatte, war vor Erschöpfung eingeschlafen. Eine sehr schöne Frau erschien ihm im Traum und stellte sich ihm als die Bergfee vor. Nachdem sie ihn geliebt hatte, nahm sie Abschied und sagte: »Ich bin es, die im Morgengrauen die Morgenwolken verteilt, und ich hole des Abends den Regen herbei.«

Demzufolge hätte die Wendung »Wolken und Regen« mit deutlicher Symbolik im Chinesischen den Geschlechtsakt ausgedrückt: die Wolken bezögen sich auf die weiblichen Absonderungen, der Regen auf das männliche Sperma. Gewiß ist das Symbol treffend, aber wenn es mehr schlecht als recht übersetzt worden wäre, würde es unseren Landsleuten nichts besagen. Im

Chinesischen spricht dieses Bild vom Regen für sich. Der Beweis dafür ist, daß ein sinnreiches Wortspiel damit einer intelligenten und skrupellosen Frau zur Karriere verholfen hatte, die unter allen Töchtern des Himmels berühmt und mächtig werden sollte (sie war weniger Tochter des Himmels in dem Sinne, der mich auf diesen Ausdruck hatte Wert legen lassen, als vielmehr eine Messalina). Als sie noch als junges Mädchen lediglich *tsai-jen* am Hofe war, d. h., eine der siebenundzwanzig Konkubinen dritten Ranges, und es geschah, daß der Kaiser Tai Ts'ung krank geworden war, entschloß sich Wu Tsai-jen, den Erbprinzen Kao-tsung zu verführen. Als dieser sich eines Tages zum Ankleideraum begeben hatte, reichte ihm Wu Tsai-jen auf Knien die Handwaschschüssel dar, damit die Handwaschung vorgenommen würde. Zum Dank sprengte der Prinz der *tsai-jen* einige Tropfen Wasser in das Gesicht:

»Mit klarem Wasser besprenge ich das gepuderte Gesicht.« Worauf die Schelmin, die bereits einen brennenden Ehrgeiz hatte, zur Antwort gab:
»Des Kronprinzen Regen ist Tau für mich.«

Wenngleich nun der Begriff *yu-lu* (»Regen« und »Tau«) im weiten Sinne die Gunst des Kaisers bezeichnet, so bedeuten *yu* (der Regen) und *lu* (der Tau) gleichfalls, aber genauer, den männlichen Samen. Man hätte dem Prinzen nicht besser sagen können, was man von ihm erwartete: Wu Tsai-jen bot sich dem Kao-tsung an, und der nahm sie (und fuhr schlecht dabei).

Unter den Wörtern, die ich angeführt habe, führt uns das *yang feng* (mit seiner Variante *yang wu* − »das männliche Glied«) zum Paar *yin/yang,* welches uns in direkter Weise mit der chinesischen Erotik bekanntmacht: *yin yang cheh tao,* »der Weg des yin und des yang« bezeichnet im Chinesischen den Koitus; eine der berühmtesten Formeln der altchinesischen Philosophie, *yi yin yi yang cheh wei tao:* einerseits yin, andererseits yang, das ist das tao (d.h. auch die Ordnung der Welt), gibt zu verstehen, daß die sexuellen Beziehungen zwischen maskulin und feminin, der Koitus zwischen Mann und Frau, weit entfernt davon, wie bei uns, mit einem uralten Makel bedacht zu werden, die gleiche

Harmonie ausdrücken, die im Wechsel zwischen Tag und Nacht, Winter und Sommer herrscht. Die Hin-und-Herbewegung des yang-Spechtes, des männlichen Gliedes, im schattigen Tal oder auf dem Zinnoberfeld, dies symbolisiert die Weltordnung, die Ordnung des Guten.

Man sehe im übrigen, mit welcher Natürlichkeit das chinesische Volk seit zweieinhalb Jahrtausenden in seinen Liedern die Liebesspiele verherrlichte: Marcel Granet hat dargestellt, wie in den heutigen Landgemeinden Jungen und Mädchen aus dem Volke sich in parallelen Reihen gegenüberstellten und sich mit Wechselgesängen anlockten:

DIE WELKEN BLÄTTER

Welke Blätter! Welke Blätter!
Über euch geht der Wind!
Kommt, ihr Herren! Kommt, ihr Herren!
Singt, wir folgen euch geschwind!*

Welche Frische, welche Unschuld finden sich in den folgenden Gedichten:

CHEN UND WEI

Die Flüsse Chen und Wei
Hoch an den Ufern stehen!
Mädchen gehen und Jungen
Hin zu den Orchideen!
Die Mädchen locken sie:
»Hinunter gehen wir?«
Die Jungen sprachen da:
»Wir sind schon dort und hier.«
»Seht und bedenket doch,
Wenn wir hinunterziehen,
Der Wei die Dämme brach,
Ein Rasen wird erblühen.«
Es spielten da die Jungen
Zusammen mit den Mädchen...*

Die mit einem Stern (*) versehenen Verse sind nach Auszügen aus Marcel Granet, *Fêtes et chansons anciennes de la chine.* 2. Aufl., Paris 1929, übersetzt.

GESCHÜRZTE RÖCKE

Hast liebende Gedanken du für mich,
Schürz' ich die Röcke und gehe durch den Chou!
Willst du jedoch von mir nichts wissen mehr,
Glaubst du, es gäb' nicht andere Männer noch?
Den närrischsten der Narren sicherlich!*

Wenn man in den konfuzianischen Kommentaren liest, daß ein beamteter Kuppler die Liebesverhältnisse zwischen den jungen Mädchen und Männern des Volkes registrierte, etwa in der Art, wie man es bei Hofe im Stil der galanten Schilderung tat, wie sollte man da nicht lächeln und amüsiert die Schultern hochziehen?

Indem sie die Monotonie und herkömmliche Strenge zerbrechen halfen, dienten diese Lieder als Vorspiel zu flüchtigen Verbindungen, die dauerhaft werden konnten. Das besagt aber nicht, daß alles rosig aussah, weit entfernt:

Drei Jahre lang hat unverzagt
Dein Weib im Haushalt sich geplagt,
Früh morgens auf und spät zu Bett,
Wenn ich nur meinen Morgen hätt'...
Du hast bisher dich nicht gewandelt,
Hast immer grausam mich behandelt.
Die Brüder sollen es nicht wissen,
Sie hätten sich ihr Maul zerrissen...

Da ich als Mädchen noch geschmückt,
Hat deine Stimme mich berückt.
Dein Schwur war wie der Morgen rein,
Wie sollte es wohl anders sein!...
Doch anders hab ich dich gefunden,
Nun ist die Hoffnung mir entschwunden!...*

Es sei noch einmal betont, daß das alte China die Möglichkeit hatte, den sexuellen Vorurteilen der jüdisch-christlichen Welt zu entgehen.

18

疑観八陣

19

II

Ein junges, ganz natürliches Mädchen

Sehr zufrieden mit meiner Entdeckung, dachte ich an eine Dissertation über *»Die natürliche und metaphysische Entwicklung in der chinesischen Philosophie«*. »Natürliche Entwicklung« verstand ich in weitem Sinne, einbegriffen die sexuelle Seite, von der ich bereits bemerkt hatte, daß sie von den grundlegenden Begriffen der chinesischen Kosmogonie und Logik abhing: dem *yin,* dem *yang* und dem *tao.* Henri Maspero hatte mir in seiner Veröffentlichung *»Die Verfahrensweisen, das Lebensprinzip in der alten taoistischen Religion zu erhalten«* (Les Procédés de nourrir le principe vital dans la religion taoiste ancienne) alsbald gezeigt, daß mir dieses Thema zu Recht vorschwebte, aber damit ebenso, wie weit ich noch davon entfernt war, es behandeln zu können.

Seit jenen Jahren bleibt mir die Gewißheit, die ich habe bestätigt sehen können in Ergänzung dessen, was uns unsere Medizin seit kurzem lehrt, daß nur eines uns helfen kann, jenes Glück zu erlangen, mangels dessen wir uns dem Gelderwerb, den Nichtigkeiten des Lebens, der Religion, dem Willen zur Macht oder Ohnmacht ausliefern: das sinnliche Glück. In einer Welt zu leben gewohnt, in der alles die Wohlanständigkeit und die Moral verletzt, was in engerem oder weiterem Sinne mit dem Geschlechtsverkehr zu tun hat, entdeckte ich, daß nichts mehr zum Glück beiträgt als die Überzeugung, dadurch zur kosmischen Ordnung beizutragen, indem man die Liebe unbefangen und sinnvoll ausübt. Welche Freude, in einer *Abhandlung über das Schlafzimmer* folgenden Dialog zwischen dem Gelben Kaiser

(Huang-ti), dem man zuschreibt, die Menschen die verschiedenen Liebestechniken gelehrt zu haben, und dem jungen, ganz natürlichen Mädchen, seiner Lehrherrin, zu lesen:

»Der Gelbe Kaiser fragte das junge, ganz natürliche Mädchen: »Mein Geist ist ungekräftigt und unausgeglichen; mein Herz ist traurig, und ich lebe beständig in Angst. Was kann ich tun, um mich davon zu heilen?« Das junge, ganz natürliche Mädchen antwortete: »Alle menschliche Schwäche stammt von dem unglücklichen Vollzug des Geschlechtsaktes. Ebenso wie das Wasser den Sieg über das Feuer davonträgt, siegt die Frau über den Mann. Diejenigen, die in der Kurzweil geschickt sind, ähneln den guten Köchen, die zu einer schmackhaften Suppe die fünf Geschmäcker vereinigen können. Diejenigen, die die Kunst des *yin* und *yang* verstehen, können die fünf Arten der Wollust vereinigen; die es nicht können, sterben vor der Reife, ohne wirklich das geringste Vergnügen aus der Lust gewonnen zu haben. Muß man sich nicht gegen diese Gefahr schützen?«

Das ist auch die Meinung des Meisters Tung-hüan in seiner *Liebeskunst:* »Der Mensch ist das erhabenste der Geschöpfe unter dem Himmel. Von allem, was ihm zukommt, läßt sich nichts mit der geschlechtlichen Vereinigung vergleichen: nach der Harmonie des Himmels mit der Erde gebildet, reguliert sie das *yin* und beherrscht das *yang*. Die den Sinn dessen begreifen, können ihre Substanz erhalten und ihr Leben verlängern; diejenigen, die nicht die wahre Bedeutung verstehen, werden sich schaden und ihre Tage verkürzen.«

So versichert eine der ältesten, der reichsten, eine der fruchtbarsten und anregendsten Zivilisationen durch ihre Religion, daß es gut und der religiösen Pietät entsprechend ist, die Liebe zu vollziehen und das sinnvoll, erfinderisch und mit Leidenschaft zu tun. Was tut der Himmel anders, der in Liebe über der Erde, seinem Weibchen, ruht? Er entfacht das Feuer für sie und macht sie mit seinem Samen, dem Regen, fruchtbar. Fern war ich von unserer Eva, ihrer Schlange und ihrem liebevergifteten Apfel. Von diesen Prinzipien ausgehend, die die Grundgedanken chinesischen Denkens auf ihre Ursprünge zurückführten, konnte der Meister Tung-hüan ohne falsche Scham den Liebespaaren eine sexuelle Erziehung geben, da deren Technik zugleich der

Lust, der Moral und der Religion zugute kam. Das war besser, viel besser als alles, was der Dr. Van de Velde in seiner *Vollkommenen Ehe* lehrte, einem Werke, nach welchem um 1930 in Europa am meisten von denen gefragt war, die sich aus dem Pfuhl der Unwissenheit, in dem uns unsere Dogmen und Vorurteile hielten, befreien wollten. Immerhin zitierte Van de Velde die Verordnung, die Van Swieten der Königin Augusta gab, nur lateinisch: »Praeterea censeo vulvam sacratissimae majestatis diutius ante coitum esse titillandam.« Der Meister Tung-hüang aber

drückt sich chinesisch aus, wenn er Ratschläge gibt, die auf dasselbe hinauslaufen, und die sich nicht an eine unzufriedene Königin, sondern an den gemeinen Menschen richten, den es
glücklich zu machen gilt: »Wenn ein Mann und eine Frau sich
zum ersten Male vereinigen, muß der Mann sich zur Linken der
Frau und diese sich zu seiner Rechten setzen. Der Mann kreuzt
dann die Beine und setzt die Frau auf seine Knie. Er preßt die
schmale Taille, liebkost den kostbaren Körper, murmelt zärtliche Worte, spricht zu ihr leidenschaftliche Sätze. Wenn sich die
Partner in der Vereinigung befinden, umarmen sie sich, umschlingen sich fest Körper an Körper und die Lenden aneinan-
dergedrückt. Nun beißt der Mann leicht in die Zunge der Frau,
nagt etwas an ihren Lippen, nimmt ihren Kopf zwischen seine
Hände und zupft an ihren Ohrläppchen. Mit den Liebkosungen
und Küssen gehen tausend zärtliche Gesten einher, und alle
Sorgen entschwinden. Darauf ermuntert der Mann die Frau,
sich seines Jadestammes zu bemächtigen, während er ihr mit
seiner rechten Hand die Jadepforte kitzelt.«

Die Rücksicht auf unsere sexuelle Barbarei gebietet es mir, an
dieser Stelle die Ausführungen des Meisters Tung-hüan zu
unterbrechen, die schnell zu Einzelheiten der dreißig anmuti-
gen Stellungen fortschreiten. Die Positionen werden mit so poe-
tischen Benennungen wie möglich umschrieben: *Die Seide ab-
haspeln, der zusammengerollte Drache, die Vereinigung der Eis-
vögel, die flatternden Schmetterlinge, die Bambusse am Altar, das
Paar der tanzenden Phönixe, das galoppierende Turnierpferd, der
Sprung des weißen Tigers, die Katze und die Maus im selben Loch*
usw. Es sind ebensolche Begriffe, die nicht hinter der *Jadeterras-
se,* den *Jadeadern,* der *Goldrinne* oder dem *Raum des Examens*
zurückbleiben, alles Bilder, die intime anatomische Details der
Frau bezeichnen.

Der Meister Tung-hüan gibt nun den Männern einen Rat, wes-
wegen ihm alle Frauen dankbar gewesen wären, hätten sie diesen Klassiker der Liebesliteratur gelesen: »Wenn der Mann sich
dem Höhepunkt nahefühlt, so soll er jedesmal warten, bis die
Frau den Orgasmus erreicht hat. Der Mann muß dann die Augen
schließen, seine Gedanken konzentrieren, die Zunge kräftig gegen das Gaumensegel pressen, den Rücken krümmen, den Hals

anspannen, die Nüstern blähen, die Schultern eng zusammen-
ziehen, den Mund schließen und den Atem anhalten. Sein Sperma läuft dann sogleich zurück. Der Mann ist auf diese Weise fä-
hig, seine Ejakulationen völlig unter Kontrolle zu halten. Wenn
er sexuelle Beziehungen mit Frauen hat, muß er nicht mehr als
zwei oder drei Male bei zehn Koitus ejakulieren.«

Wer Krafft-Ebing, Havelock Ellis oder den Kinsey-Report gelesen hat, wer die allgemeine Unzufriedenheit unserer Frauen kennt, denen von egoistischen Männern übel mitgespielt wurde, ohne Zweifel von solchen, die in Liebesdingen unkultiviert und, anstatt den Meister Tung-hüan zu studieren, an den albernen Zoten aus der Schule, der Kaserne oder dem Bordell Genüge finden, wie sollte der nicht die Weisheit dieser Ratschläge loben?

Nun ist aber der Traktat des Meisters Tung-hüan nur eines von zahlreichen Werken, die im chinesischen Altertum die Söhne der Han-Zeit ermahnten, sich im Schlafzimmer wohlzuverhalten. Eine so offizielle Geschichtsschreibung wie die der Frühen Han-Dynastie vermerkt in ihrem bibliographischen Teil acht Werke, welche die Liebeskunst behandeln. Seit jener Zeit (noch vor der christlichen Ära) galt während zwei Jahrtausenden unveränderlich als religiöses und sexuelles Credo der Chinesen, was der Meister Jung-ch'eng beschworen hatte: »Die Kunst in den sexuellen Beziehungen zu den Frauen besteht darin, Herr seiner selbst zu bleiben, indem man nicht ejakuliert, damit das Sperma zum Gehirn zurückläuft und in es eindringt.« Schon zu jener Zeit lehrten die Chinesen die Wichtigkeit des Vorspiels; seit damals wußten sie, daß ein Kuß zu nichts verpflichtet, daß vielmehr eine Liebkosung das ganze Wesen gefangennimmt und daß ihr Austausch dem Schlafzimmer vorbehalten sein sollte. (Wenn ich aus diesem Grunde unsere Taugenichtse oder unsere Pärchen sich ins Gesicht tatschen oder sich gegenseitig auffressen sehe in den Abgasen der Großstadt, in einem Untergrundbahnabteil oder auf einem Bahnsteig, reagiere ich immer wie ein Chinese: durch Mißachtung; armes Volk, das nicht weiß, was es tut und das erstaunt ist, wenn es außer seinem eigenen Sexualleben auch das seines Partners vergiftet! Sexuelle Freiheit ist eine ganz andere Sache!)

Hüten wir uns aber, unsere Chinesen zu Musterexemplaren erotischen Altruismus werden zu lassen. Ihre Vorstellung vom Sinnesleben, das in so angenehmer, natürlicher Weise das einzige Glück ausmacht, das wahrhaft zählt, beruht wohl zweifellos auf einer matriarchalischen Gesellschaftsordnung. (Sollte es nicht so sein, wie kommt es dann, daß im Komplex *yin-yang* es immer das feminine Element, das *yin* ist, welches an erster Stelle steht? Wie sollte man es auch anders erklären, daß immer ein junges, ganz natürliches Mädchen dem Manne, sogar dem Gelben Kaiser, die Geheimnisse des Geschlechtslebens enthüllt?) Sie bezweckt im übrigen auch, den häuslichen Frieden in einer polygamen Gesellschaft ebenso zu bewahren wie die Interessen des Mannes, welcher immer davon bedroht ist, bei der Ejakulation die wertvollste Substanz zu verlieren: das *yang*.

Seite 28/29   Illustrationen, die aus einer Serie von vierund-
zwanzig auf Seide gemalten Bildern stammen; sie wird dem
Ch'iu Ying (um 1550) zugeschrieben und trägt den Namen
Yen-ts'in yi-ts'ing ›Intime Szenen verliebten Müßiggangs‹. Die
hier wiedergegebenen Stücke gehören zu einer fotomechanischen
Ausgabe, welche I-Yüan Chen-Shang-Sheh in Shang-hai veran-
staltet hat. (Foto: G. Bertin)

In der Überzeugung, daß es für einen Mann wichtig ist, seine
männliche Grundsubstanz nicht zu verschleudern, und daß vermöge ihrer Ergänzungsfähigkeit für das *yin* und das *yang* sich die
ursprünglich wesenhafte Einheit im Wort und der Idee des *tao*
ausdrückt, hatten die Chinesen ein System entwickelt, das,
indem es durchaus gestattete, daß man, ohne sich bloßzustellen,

eine Hauptfrau, Nebenfrauen und verschiedene Konkubinen befriedigte, ihre Integrität bewahrte, mehr noch, sie stärkte. Um sein *yang* zu stärken, mußte der Mann soviel als möglich das *yin*-Prinzip in sich einsaugen. Ein Minister der Han-Zeit, Chang Ts'an (der ein Alter von 180 Jahren erreicht haben soll), hatte aus den Abhandlungen über das Schlafzimmer gelernt, wie man die weiblichen Säfte *(yin)* aus den Brüsten der Frauen schlürfen kann; und jeder gebildete Chinese wußte, daß man die männliche Kraft stärken konnte, indem man aus der *Jadequelle* trank, d. h., daß man in der Frau blieb, während sie den Orgasmus bekam, und daß man sie erst danach verließ, ohne den Samen von sich gegeben zu haben. Die Traktate lehren, daß man in dieser Weise mit mehreren Frauen in derselben Nacht Umgang pflegen sollte. Der geneigte Leser möge das nicht als skandalös empfinden und sich der Tatsache bewußt werden, daß eine Kultur mit polygamen Verbindungen in diesen Kategorien nicht so denkt wie ein Volk, das offiziell monogam ist (wo aber die Eheleute, wenn sie im Bett zusammenliegen, sich häufig den Armen des anderen Partners entziehen: »eine verheiratete Frau«, das sind die verheirateten Frauen, fast alle; und fast alle Ehemänner, fast alle Liebhaber).

Wichtig ist es also, oft und lange von der *Jadequelle* zu trinken. (Mit Vergnügen denke ich daran, daß ein gutes China-Restaurant in Paris das Zeichen der *Jadequelle* aufweist; wenn ich dort frühstücke oder zu Mittag speise, kommt mir das in den Sinn.)

Der Mann kann dann, wenn er in der geschilderten Weise fünf oder sechs Konkubinen befriedigt hat, ohne seine Manneskraft zu vergeuden, sondern sich dabei vielmehr mit *yin* versehen hat, mit gebotener Ehrfurcht die Gattin fruchtbar machen, von der er ein Kind wünscht. Mit Vorliebe einen Sohn; denn in historischer Zeit ist die chinesische Familie patriarchalisch organisiert, und nur der Sohn kann den häuslichen Ahnenkult zelebrieren. Wünscht er einen Sohn, so folgt der Ehemann, nachdem er meditiert hat, der Vorschrift des *Tao Teh Ching,* wonach »das Kind, welches zur Mitternacht empfangen wird, ein hohes Alter erreicht, das Kind, das vor Mitternacht empfangen wird, normal alt wird, und das Kind, welches nach Mitternacht empfangen wird, nicht sehr alt wird«, und schwängert seine Frau am ersten oder dritten Tag nach der Regel. Wenn er männlicher Erben sicher ist, wird er sich dann mit einer Tochter begnügen? In diesem Falle nähert er sich seiner Frau am vierten oder fünften Tage nach dem Monatszyklus. Im einen oder anderen Falle gibt er seinen Samen, während er sich bei jeder anderen Gelegenheit streng enthält mittels des coitus reservatus (reservatus und nicht interruptus).

Seite 31–35
Rolle. Aquarell auf Papier. Anonym. 16.–17. Jh. (?).
(Foto: Wango Weng)

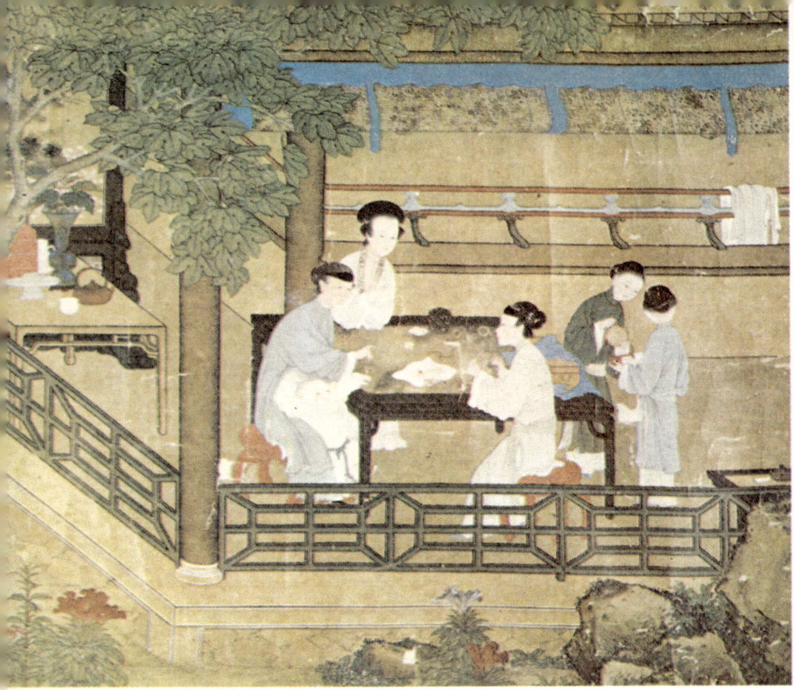

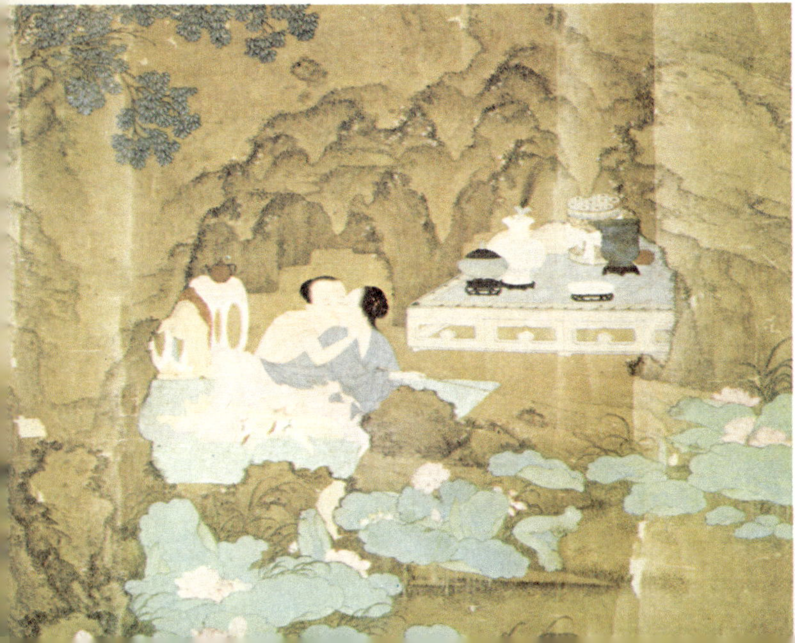

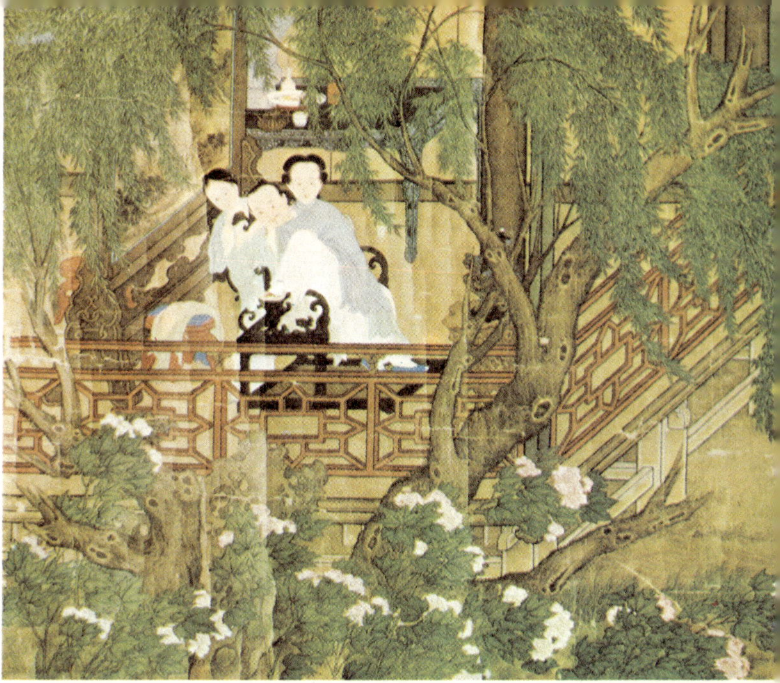

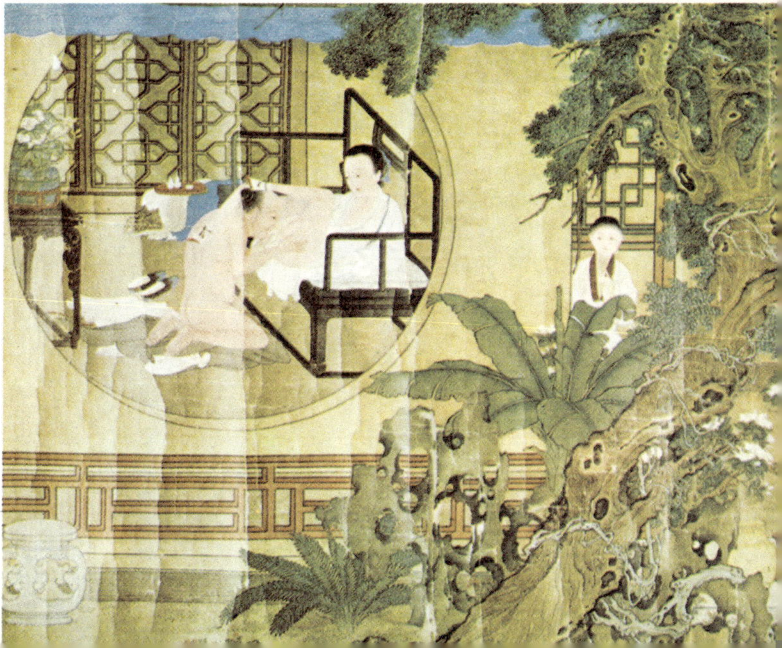

Seite 36/37
Aquarelle auf Seide. Anonym.
17. Jh. (?).
(Foto: Wango Weng)

Lachen wir nicht über diese abwegige Physiologie, die der Meinung ist, daß die *yang*-Substanz, wenn sie unter den genannten Bedingungen sorgsam bewahrt wird, das Rückenmark hinauf bis ins Gehirn läuft. Jeder weiß, welche Kraft ein lange Zeit aufgestautes, zurückgehaltenes und bewahrtes Verlangen auszulösen vermag, wenn es verströmen will!

Bewundern wir lieber, daß die Chinesen mit zwei oder drei richtigen Erkenntnissen (wozu die Analyse der fünf sich vorherkündenden Merkmale der weiblichen Lust gehört, die mit derjenigen unserer besten Sexualwissenschaftler übereinstimmte) und mit viel Metaphysik bzw. anatomischen Irrlehren vor dem Buddhismus eine Liebeskunst entwickelt hatten, die ihrer polygamen Gesellschaft entsprach. Bewundern wir ferner, daß sie mit einer egoistisch gefärbten Voreingenommenheit (das *yang*-Prinzip zu bewahren) zu einer sexuellen Technik gelangt sind, die so altruistisch wie nur denkbar ist: die erfordert, daß der Mann zuerst an die Frau, den geliebten Feind, denkt (was dort unten selten in sexuellem Sinne als Gegnerschaft empfunden wird; eher als unterscheidend und ergänzend). Bewundern wir auch, daß der Meister Tung-hüan vorhergeahnt hat, daß die Erziehung der Kinder mit dem Zusammentreffen des männlichen und weiblichen Prinzips im Mutterschoß beginnt. Sobald die Frau empfangen hat, muß sie sich einer Diät unterziehen, die im weitesten Wortsinn gilt: sie muß auf Speisen verzichten, die erhitzen, auf Medikamente und Heilverfahren, eingeschlossen die Akupunktur und das Aufsetzen von Brennkegeln; sie muß das Theater meiden und freisinnige Reden; sie darf nicht mit dem Wagen fahren und nicht mehr reiten; statt dessen soll sie regelmäßig mit erhobener, lauter Stimme die großen kanonischen Texte lesen: »...so wird der Sohn intelligent und besonnen, rechtschaffen und tugendsam werden. Das nennt man *eine fötale Erziehung geben.*«

Bevor der Taoismus zu Aberglaube, Unsterblichkeitstechniken und Zauberei ausartete, wurde er zu einer Form fröhlicher und freier Askese, die die Pflichten des Mannes mit den Vergnügungen seiner Frauen ausglich. »Sobald ein Mann ein einziges Mal den Geschlechtsakt vollzogen hat, ohne Samen zu vergießen, wird er seine Lebensenergie kräftigen. Wenn er ihn zweimal vollzogen hat, werden sich sein Gehör und sein Gesichtssinn verfeinern. Dreimal, jede Krankheit wird verschwinden. Viermal, seine Seele wird Frieden finden. Fünfmal, sein Blutkreislauf wird besser werden«, usw. Sollte es ihm zehnmal gelungen sein, dann ist er »den Unsterblichen gleich«. Auch andere Texte bestätigen das: »Diejenigen, die imstande sind, jeden Tag sehr häufig den Geschlechtsverkehr zu vollziehen, ohne den Samen zu ergießen, werden dadurch alle ihre Krankheiten heilen und enorm alt werden. Wenn der Beischlaf mit einer Anzahl verschiedener Frauen vorgenommen wird, so wird der Erfolg größer sein. Am besten ist es zehn oder mehr Frauen in einer einzigen Nacht zu lieben.«

Als ich im Jahre 1957 in Peking eine Ausstellung besuchte, die den Verhütungsmöglichkeiten gewidmet wurde, war ich erstaunt über den Ernst und die Unbefangenheit, mit denen einige junge Mädchen die anatomischen Tafeln erklärten und den Gebrauch von Präservativen, Pessaren und anderen Mitteln planvoller Nachwuchslenkung zeigten: sie erröteten durchaus nicht, als sie darlegten, wie man die zuführenden Gefäße unterteilt oder die Eileiter verbindet. Es war, wie wenn in China, trotz der Prüderie aller Revolutionäre und der übertriebenen Engstirnigkeit so vieler Marxisten, eine Spur von den Unterweisungen des jungen, ganz natürlichen Mädchens überlebt hätte; wenn die Prinzipien, die es nun zwischen den vier Meeren durchzuführen galt, auf eine von nun an monogame Gesellschaft Anwendung fanden, die auf lange Sicht von dem ohnmachtbewirkenden Übermaß ihrer Geburtenziffer bedroht war, konnten sie für das 20. Jahrhundert ebenso vorteilhaft sein wie während zweieinhalbtausend Jahren die vertraulichen Mitteilungen des natürlichen Mädchens. Das sagte ich mir auch an einem anderen Tage am Ende eines offiziellen Essens, als man uns ein Gebäck reichte, welches das Symbol des Wechsels von *yin-yang-tao* darstellte, der harmonischen und schicksalhaften gemeinsamen Durchdringung des männlichen und weiblichen Prinzips.

Es bedurfte nicht großer Einbildungskraft, um hinter diesen geometrischen Formen die zwei gekrümmten Körper zu entdecken, die im »großen Frieden« und im »Blütenkrieg« verschlungen sind.

Seite 40–43
Aquarelle auf Papier. Anonym. 17. Jh. (?).
(Foto: Wango Weng)

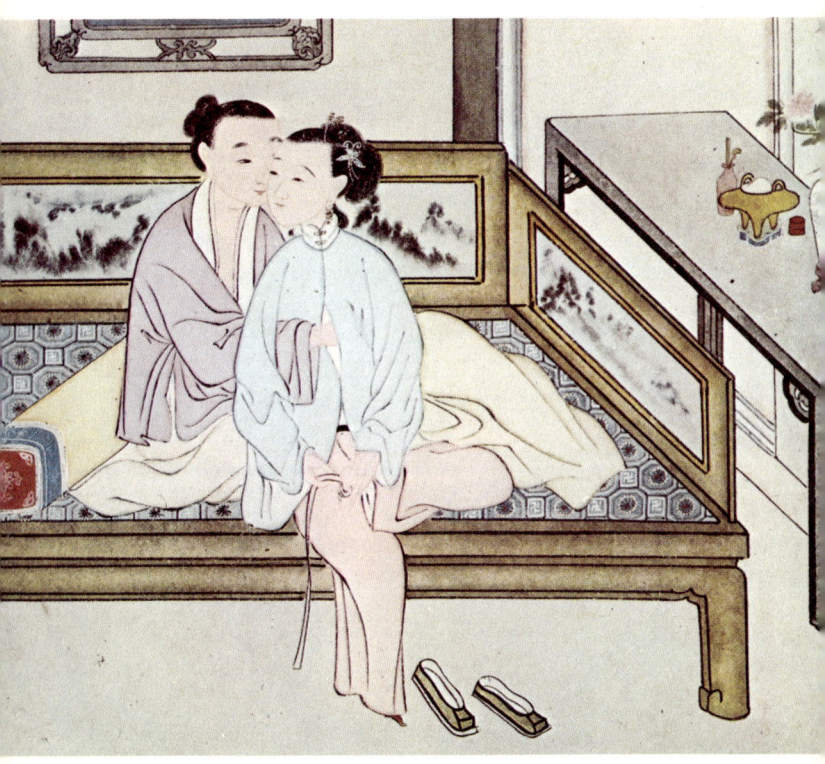

Seite 44–49
Aquarelle auf Seide. Anonym.
17. Jh. (?).
(Foto: Wango Weng)

47

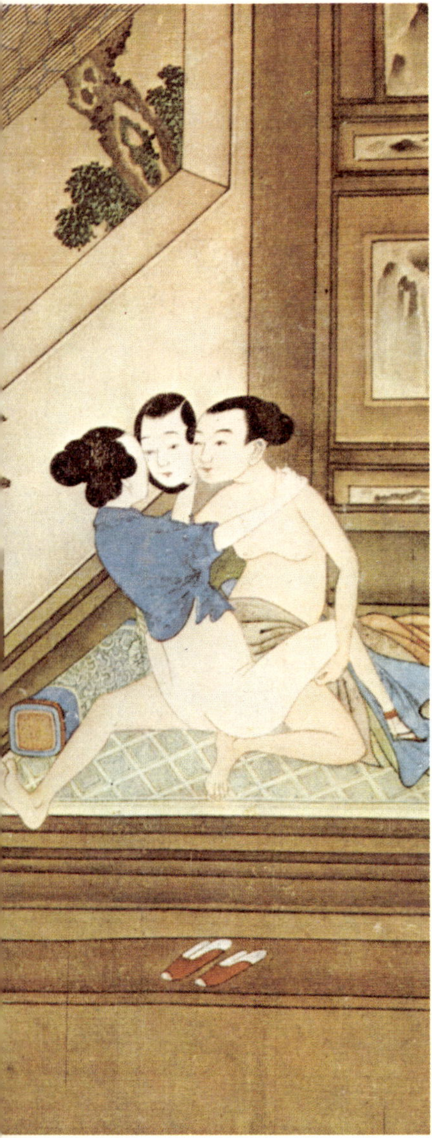

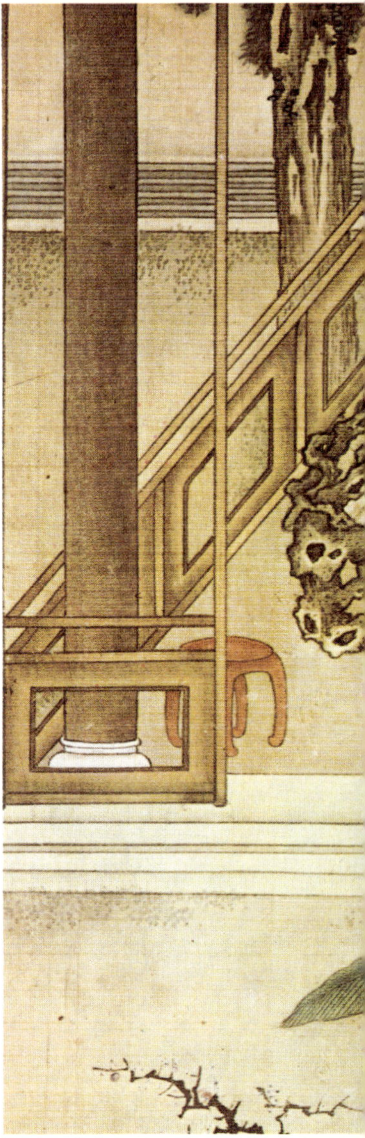

Seite 50–59
Illustrationen, die aus einer Serie von vierundzwanzig auf Seide
gemalten Bildern stammen; sie wird dem Ch'iu Ying (um 1550)
zugeschrieben und trägt den Namen Yen-ts'in yi-ts'ing ›Intime
Szenen verliebten Müßiggangs‹. Die hier wiedergegebenen Stücke
gehören zu einer fotomechanischen Ausgabe, welche I-Yüan
Chen-Shang-Sheh in Shang-hai veranstaltet hat.
(Foto: G. Bertin)

Seite 60–67
Illustrationen zu einem aus der Ming-Epoche
stammenden Werk. 16.–17. Jh.

61

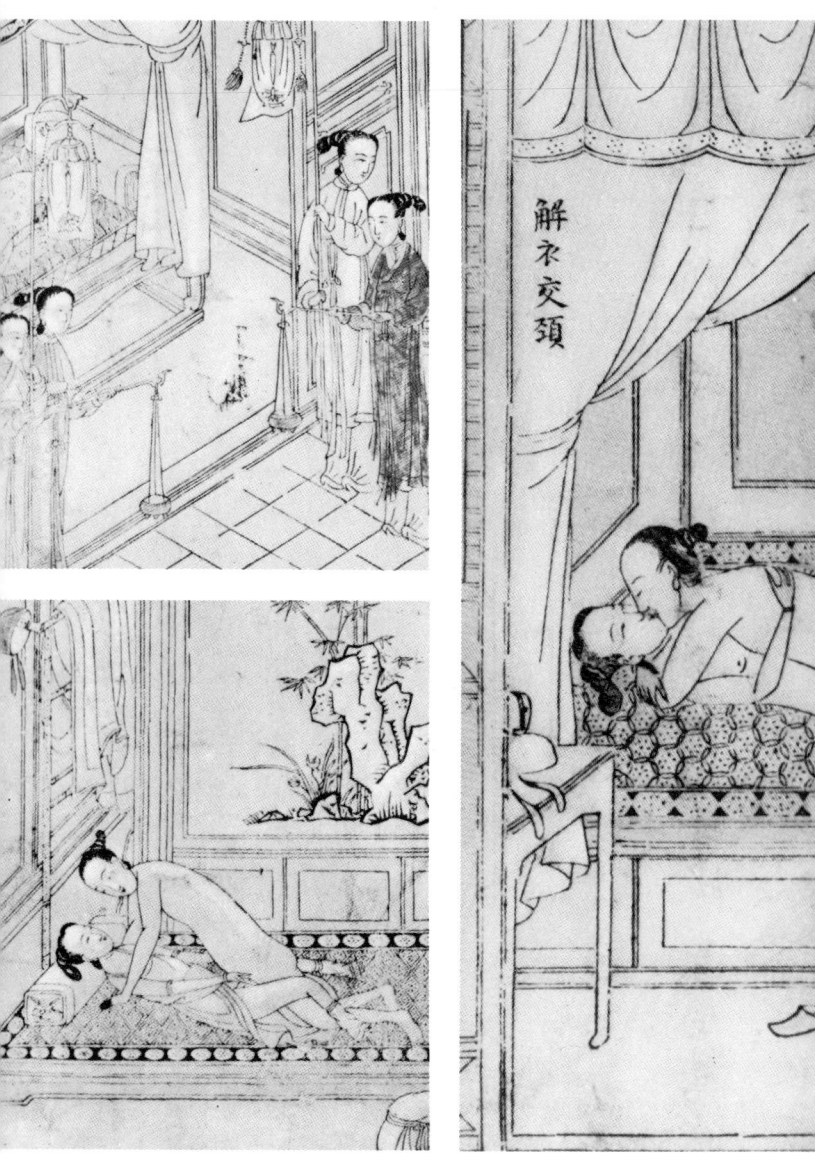

解衣交頸

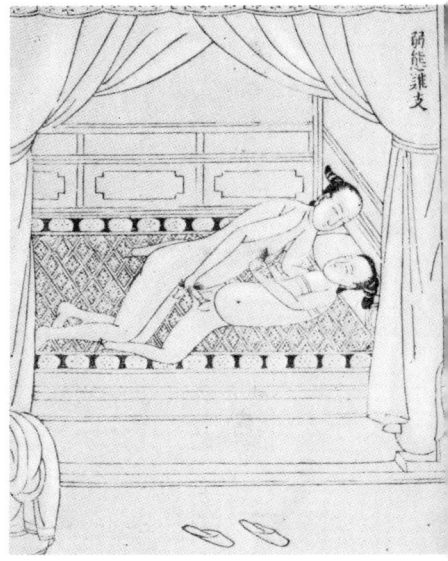

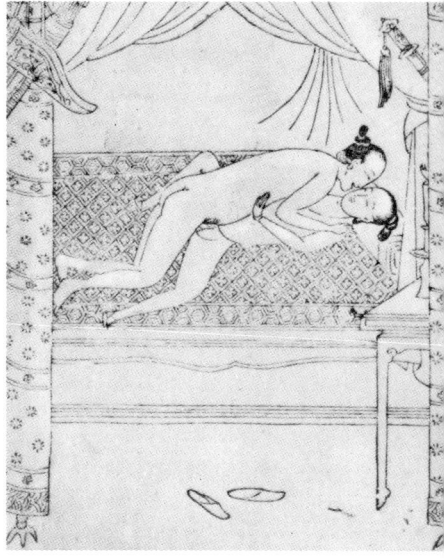

63

鞦韆戲

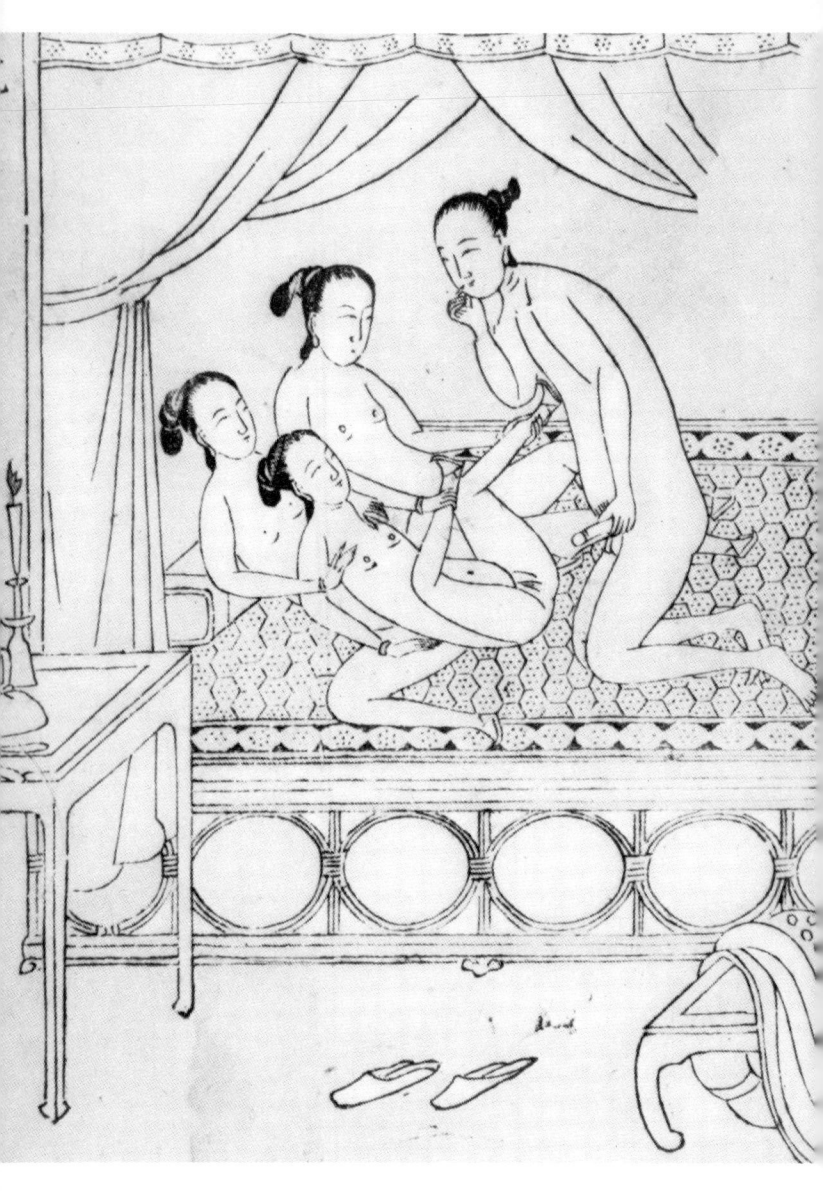

III

Eine etwas weniger natürliche Frau: Die Dame Pan

In einem Gedicht mit der Überschrift *Das Schwimmen,* das vom Juni 1956 datiert und das verfaßt wurde, als er schwimmend den Blauen Fluß überquerte, beschwört Mao Tse-tung die Frau vom Schamanenberge:

> Weiter stehn, westwärts am Fluß, die steinernen Wälle,
> Abzuschneiden des Zauberbergs Wolken und Regen,
> Hohe Kliffe über ebenem See.
> Die Geisterfee, sollte sie noch wohlauf sein,
> Sie müßte erschrecken: die Welt wurde anders.
> (Joachim Schickel)

Entsprechend den literarischen Richtlinien des Yen-an nimmt der Präsident Mao hier das alte Thema vom Schamanenberge wieder auf und wandelt es in revolutionärem Sinne um. Manche mögen es bedauern, daß er bei der Erwähnung des Dammes den Wolken und dem Regen ihren eigentlichen Wortsinn zuschreibt; da er aber die Bergfee beschwört, die sich dem Prinzen der Legende in Liebe hingab, wird jeder gebildete Chinese den anspielenden Sinn zwischen den Zeilen lesen können. Wie dem auch sei: seit es Maler, Dichter, Musiker gibt, was tun sie anders als die alten Legenden neu zu beleben?

Indem er das *yun-yu* benutzt, um einen Staudamm zu beschreiben, symbolisiert Mao die tatsächliche Zurückhaltung, derer sich die chinesischen Kommunisten heute befleißigen. Das ruft mir jenen jungen Chinesen in die Erinnerung, der mir sagte, wie es auch Millionen anderer getan haben würden, daß er seinen Überfluß an sexueller Energie in sozialistische Tatkraft verwandelte. Er sublimierte; der Präsident Mao verdichtet die geringe Zurückhaltung, die die Legende der Frau vom Schamanenberge zuschreibt, zu einem Staudamm.

Ich hoffe, daß die Unbefangenheit der taoistischen Schriften über die Liebe in der gegenwärtigen Krise des revolutionären Puritanismus überlebt. Gewisse Anzeichen aber beunruhigen mich: 1957 hatte ich in Hang-Chou die Grabstätten einiger berühmter Damen besucht. Zylindrisch an der Basis, allem Anschein nach phallisch, waren mehrere dieser Denkmäler mit einem Gebilde überbaut, das ich als eine Art gelblich glänzenden Pessars ansah. Davon berichtete ich in *Le Nouveau Singe pélerin,* und ich gestand, daß mir das über den Gebeinen einer Kurtisane passend schien; man sprach aber schon von *sing-song girls* und Konkubinen mit derselben Abneigung wie ein nordamerikanischer Magistrat von *call-girls.* Ihr armen Minuten-Koketten! Arme kleine Konkubinen! Bevor ich die Stadt verließ, pilgerte ich ein letztes Mal zu der sehr im *yin-yang*-Stil gehaltenen Grabstätte der Su Hsiao-hsiao, der »ganz kleinen Su«. Einer der Pfosten war wiederhergestellt worden; folgende Weihinschrift konnte ich entziffern: »Wieviele Generationen von Helden haben sich unter den Granatröcken niedergekniet!« Ein um so passenderer Ausdruck, scheint mir, als das Wort »Granat« hier in dem Sinne verstanden werden muß, den ihm die chinesische Erotik zuschreibt, und der nicht dem Begriff der »Granatfrüchte« ähnelt, wie ihn Paul Valéry versteht:

> *Mir scheint, ich sehe streng beherrschte Antlitze,*
> *Und doch ist ihre Nacktheit offenbar.*

Trotz der von der Partei ausgestoßenen Bannflüche gegen die bösen Weiber wollte ich in dieser frisch restaurierten Inschrift kein Anzeichen einer neuen Libertinage sehen, ganz gewiß nicht; aber vielleicht das Zeichen einer weniger puritanischen Strenge. Ich wollte ein Überlebenszeichen des alten China bewundern. Leider las ich in *Le Monde* vom 10. Februar 1965, aus der Feder eines ehrenwerten Menschen, der das moderne China sehr gut kennt, Robert Guillain, folgende bestürzende Geschichte, die meine verblichene Freundin, die ganz kleine Su, betrifft: »Heute noch beugen sich die jungen Leute über dieses Grab, um die Platten zärtlich zu streicheln, denn die Legende besagt, daß diese Geste ihnen ein langes Glück verspricht. Solche Äußerungen seien Vergiftungserscheinungen, meint der *Kuang-ming jeh-pao,* wenn ich nicht irre, eine Intellektuellen-Zeitschrift, sie hätten zu unterbleiben. Man sollte auch nicht mehr die in alten Schriftzeichen verfaßten Ehreninschriften tolerieren, die um das Grab herumlaufen, wie z.B. folgende: ›Sie ging fort wie die Pfirsichblüte, die abgebrochen wurde, oder wie das Wasser, das verströmte, ihr Andenken aber wird zehntausend Jahre an ihrem Grabe wachgehalten werden.‹ «

Da ich von meiner letzten Pilgerreise sprach, sollte ich nicht so optimistisch urteilen. Selbst wenn ich die Freude haben sollte, eines Tages den See des Ostens wiederzusehen, werde ich dann noch das Lobgedicht auf die ganz kleine Su lesen können? Wäre diese Handvoll Staub, die einst die Wollust verkörperte, für eine Schönheitskonkurrenz verantwortlich gewesen, die im Jahre 1950 von taoistischen Sektierern organisiert wurde, welche, nicht zufrieden damit, die Schändung so weit zu treiben, sich unter dem Deckmantel ihrer Philosophie zu Massenorgien und rituellen Ausschweifungen hinreißen ließen, die ihnen angeblich langes Leben und Unsterblichkeit verleihen könnten? Der erwähnte *Kuang-ming jeh-pao* brandmarkte diese Sitten im selben Jahre 1950.

Bitten wir infolgedessen für die ganz kleine Su. Bitten wir die Frau vom Schamanenberge, daß sie sich beim Präsidenten Mao verwende, diesem gebildeten Manne, diesem Dichter, diesem Menschen, der die Selbstbefreiung erstrebt. Sie möge ihn daran erinnern, daß die heutigen Chinesen ganz in der Nähe des skandalösen Grabes sich vor dem Grabe eines tugendhaften Weibes verbeugen, ja sogar es verehren können, einer jungen Witwe, die es ablehnte, sich wiederzuverheiraten. Man muß vor allem, selbst in China, um ein ausgeglichenes Sexualleben zu führen, beides sein: tugendhafte Ehefrau und die ganz kleine Su; Frauen, die nach dem Taoismus leben und den Ratschlägen des jungen, ganz natürlichen Mädchens folgen; andere, die noch gemäß den Regeln des Konfuzianismus und den Vorschriften jener Dame Pan handeln, die im Jahre 116 v. Chr. starb.

Verwandt mit einer anderen Dame Pan, die wegen ihrer Liebschaften und Mißgeschicke bekannt und besungen wurde, war die Schwester des nicht minder berühmten Historikers Pan Ku, dem wir die *Geschichte der Frühen Han-Dynastie* verdanken. Als kluge und gelehrte Frau, was seinerzeit unter den untadeligen Gattinnen selten war, beauftragte sie der Kaiser Ho (89-105 n. Chr.), das Werk ihres Bruders zu Ende zu führen und die Kaiserin zu unterrichten. Der Kaiser wußte, was er tat, und daß die Dame Pan als überzeugte Anhängerin des Konfuzius mit der Tugend der Frauen keinen Spaß verstand. Sie nahm für alle Mädchen das Recht in Anspruch, mit acht Jahren lesen zu lernen und wie die Knaben bis zu fünfzehn Jahren zur Schule zu gehen, danach begannen die jungen Mädchen, sich auf die Liebe vorzubereiten. Gewiß hatte der Lehrer K'ung versäumt, der Frau die Rechte zuzugestehen, die er einem Manne von Qualität bewilligte; denn schließlich hatte er – welch ein Skandal! – die Prinzessin Nan-tsêh von Wei besucht, die mit ihrem Bruder notorisch Inzest trieb. Sie hat aber von hinter dem Vorhang aus mit mir gesprochen, erwiderte er denjenigen, die ihm das Unpassende dieses Besuchs vorgeworfen hatten. Er war also gewiß nicht so puritanisch, wie man ihn schildern will. Er war ganz sicher nicht so drakonisch wie die Dame Pan.

Diese prüde Konfuzianerin hatte die Vorschriften für die Frauen verfaßt, welche man jahrhundertelang, bis zur Mandschu-Zeit, geschätzt und nachgeahmt hat. Hier ist jemand, der nicht mit der Liebe scherzt! Obgleich sie weiß – sie wäre keine Chinesin gewesen! –, daß die Beziehungen zwischen Mann und Frau die harmonische Übereintimmung des *yin* und des *yang* widerspiegeln und somit die Ordnung des Kosmos und damit der Gesellschaft preisen, bemerkt die Dame Pan auch, daß das *yang* vermöge der tätigen Handlung, der Kraft wirksam wird, während das *yin* sich im Zurückweichen, in der Stärke der Schwachheit äußert: »So kann die Frau nichts anderes und Besseres tun als in sich eine Haltung der Ehrerbietung zu entwickeln und sich schlechte Behandlung ersparen, indem sie Gehorsam übt. Deswegen sagt man »nachgeben, gehorchen ist für die Frauen die goldene Regel«. Und wenn die Bräuche es erfordern oder mindestens zulassen, daß der Mann mehrere Frauen ehelicht, »so soll doch eine Frau nicht zwei Herren folgen ... eine Frau darf ihren Mann nicht verlassen.« Es sei dahingestellt! Aber die Freuden des Schlafzimmers, dieser unveräußerliche Teil der menschlichen Freiheit? Nun gut, wir müssen unsere Hoffnungen herunterspannen: »Eine Ehefrau muß sich bemühen, die Zuneigung ihres Mannes zu erlangen. Das bedeutet indessen nicht, daß sie versuchen könnte oder sollte, dieses Ziel durch geschickte Schmeicheleien oder leidenschaftliche Intimitäten zu erreichen. Sie muß ihr Herz zusammennehmen, sich um eine würdevolle Haltung bemühen, die Sitten und Gebräuche streng beachten, die guten Manieren, und sie muß in Keuschheit verharren.« Es steht ihr nicht an, sich den Freuden des Bettes ganz hinzugeben: »Das Band, welches die Gattin mit dem Gatten vereint, soll das ganze Leben halten; Tändelei im Schlafzimmer verleitet zur Ausschweifung; die Ausschweifung wird leichtfertige Reden zur Folge haben; von leichtfertigen Reden wird man zur Nichtbeachtung der Sitten gelangen, und die Nichtbeachtung der Sitten wird die Ehefrau dazu verführen, ihren Mann zu verachten.« Sie hat also nur »Schatten und Echo« ihres Ehemannes zu sein und nichts weiter.

Der Puritanismus des modernen China hat demnach seine antiken Vorläufer. Wenn nun der Lehrer K'ung rehabilitiert worden ist, nachdem er lange Zeit dem kommunistischen Regime suspekt gewesen war, wenn man seinen Kult von neuem feiert und wenn Präsident Mao sich in verschiedenen jüngeren Gedichten auf das *Lun Yü*, die vertrauten Gespräche, bezieht, so wette ich, daß die übertriebene Strenge der Dame Pan nicht ganz vergeblich gewesen ist. Man darf jedoch diese Zurückhaltung der Dame Pan nicht mit der christlichen Ächtung des Sinnenlebens in Zusammenhang bringen. Selbst diejenigen, die sich auf den Konfuzianismus berufen, haben niemals gedacht oder gelehrt, daß die Keuschheit die Tugend ausmacht und daß vor allem die Frau zu loben ist, die, ohne Vergnügen daran zu haben, den Angriff ihres Mannes um der Zeugung oder der Lust willen erleidet. Die Enthaltsamkeit wird in China nicht überbewertet. Gemäß dem *Li Ki,* einer die Bräuche betreffenden Textsammlung, soll ein Mann jede seiner Konkubinen beehren, bis sie fünfzig Jahre alt geworden ist, sei sie schön oder häßlich, jung oder alt, und zwar jede von ihnen mindestens alle fünf Tage einmal. Wenn man weiß, daß der Sitte entsprechend das Geschlechtsleben des an Konfuzius orientierten Mannes erst mit sechzig Jahren endet (die Eheleute erhielten danach das Recht, sich anderswo als im Bett zu berühren und ihre Kleidungsstücke im selben Koffer unterzubringen), versteht man, daß die sexuellen Praktiken des Taoismus für alle diejenigen orthodoxen Konfuzianer nützlich gewesen wären, die danach streben würden, alle fünf Tage jede ihrer 81 Konkubinen zu beehren: so viele z. B. hatte ein Kaiser der Chou-Dynastie.

Verwechseln wir nicht den Inhalt der Lehren des jungen, ganz natürlichen Mädchens oder der Vorschriften der Dame Pan mit dem Leben, das die Chinesen vor dem Buddhismus geführt hatten: es ähnelte weder der beispielhaften sinnlichen Leichtigkeit, die der Taoismus empfahl, noch der leuchtenden Tugend, welche die Konfuzianer predigten. Gewiß, die tugendhaften Ehefrauen versagten nicht, wie jene z. B., deren vorbildliche Geschichte Henri Maspero in seinem Essay *Das Alltagsleben während der Han-Dynastie* (Vie privée sous les Han) mitteilt: »Ihr Ehemann, der einen Todfeind hatte, wechselte jede Nacht das Schlafzimmer. Der Feind drohte der Frau an, ihren Vater zu töten, wenn sie ihm nicht den Ort verriete, an dem ihr Ehemann die folgende Nacht verbrächte. So zwischen zwei Feuer geraten, verriet sie ihm ein bestimmtes Zimmer; in der folgenden Nacht legte sie sich selbst dort nieder und ließ sich von dem Feinde töten, der sie für ihren Mann gehalten hatte.« Ohne Zweifel kam es oft vor, daß derjenige, der damals außerhalb des Schlafzimmers nach den konfuzianischen Tugenden innerlich und äußerlich lebte, im Bett ein guter und gelehriger Schüler des jungen, ganz natürlichen Mädchens war. Diese überaus tugendhafte Frau, die Maspero verherrlicht, hindert mich absolut nicht, ermuntert mich eher noch, mir vorzustellen, wie sie graziös ihre Höschen auszieht, und ihr Lächeln ist durch die Wirkung eines oder mehrerer Schmuckpflästerchen noch lockender; der Ehemann hat soeben sein »Wams des Schweißes« und seine »Unterhose des Urins« (so nannte man jene Dinge) abgelegt. Ja, alles verleitet mich dazu, mir vorzustellen, daß diese Frau derjenigen ähnelt, über die im ersten Jahrhundert unserer Zeitrechnung der Astronom und Dichter Chang Heng (78-139), der Erfinder des Seismographen, die folgenden zärtlichen Verse sang:

LIED VON DER HARMONIE

Das unverhoffte Glück ward mir endlich zuteil:
Aus Eurem Schlafgemach strömt Freude in mich ein.
Mein Herz hat dieses neue Treffen wohl ersehnt:
Ich habe Furcht gleich dem, der sich die Hand verbrannt.
Bar aller Gaben, werde ich mein Bestes tun,
Um meinen Dienst zu leisten, wie es mir geziemt.
Ich helfe Euch bei allen Opferhandlungen.
Ich träume, daß ich eine Bambusmatte wär
Für Euch, die unser breites Bette schützt.
Ich wollte gern die Seidendecke sein,
Die auf Euch ruht zum Schutz vor Wind und Frost.
Das Kissen schütt ich auf, die Matte säubere ich,
Versprühe auch den Weihrauchduft geschwind,
Mit einem Barren Gold schließ ich die Fenster,
Verteile allerorts das Licht der Lampione,
Entkleide mich und schminke mich mit einem Tuche ab,
Und ich entrolle unsre Bilder auf dem Bett.
Ich bin als schlichtes Mädchen Deine Meisterin
Und kenne aus Erfahrung tausend Positionen,
Die jeder Ehemann gewöhnlich selten sieht.
T'ien-lao hat den Gelben Kaiser sie gelehrt.
Nichts wird je diese Nacht der Wonnen übertreffen,
Ein Leben lang wird man sie nicht vergessen dürfen.

Aber was für merkwürdige Praktiken herrschten während der Han-Zeit! Als ob politische Macht für die Mittelmäßigen nur das Alibi gewesen wäre, ihren seltsamen und traurigen Verirrungen zu frönen: Inzest, Sodomie, Sadismus, was für Wüstlinge und perverse Menschen waren das! Der Prinz z. B., der Frauen zwang, sich splitternackt auf alle viere niederzulassen, um sie von Böcken bespringen zu lassen. So auch Chao-hsin, diese Konkubine eines Prinzen, der ihr im wahrsten Sinne des Wortes Frauen opferte, die er liebte. Sie hatte nämlich lügnerisch ihrem Herrn gemeldet, eine gewisse andere Frau aus dem Frauengemach habe sich nackt einem Maler gezeigt und der habe sie porträtiert, womit Chao-hsin ihre Rivalin des Ehebruchs zieh; der Prinz ließ sie peitschen (das entsprach dem Brauch der Zeit), aber auch (was weniger üblich war) mit rotgeglühten Nadeln brennen; die Ärmste wurde in einen Brunnen geworfen, und Chao-hsin ließ sie entkommen, um sie eigenhändig zu töten, indem sie sie durch die Vagina pfählte. Einer anderen ließ sie die Augen ausreißen. Danach öffnete sie deren Schenkel mit einem Messer, und in den Mund goß man geschmolzenes Blei.

Ohne Zweifel verwehrten sich die Herrscher zuweilen gegen die Ausschreitungen ihrer Vasallen: Chao-hsin wurde exekutiert, ihr Prinz fiel in Ungnade.

Während der Han-Dynastie war das Leben jener chinesischen Prinzessinnen, die die Staatsräson mit den »Barbaren« verheiratete, durchaus nicht rosig; so z. B. das der jungen Hsi-chün, die irgendeinem Greise überantwortet wurde, der über die Wu-sun herrschte. Sie kannte deren Sprache nicht, und er konnte kein Chinesisch! Sie besang ihren Kummer; der Herrscher zeigte sich gerührt, aber der alte König gedachte die Schöne seinem Enkel zu vermachen. Sie mußte eine neue Sklaverei erdulden:

DAS LIED VON EINEM TRAURIGEN HERBST

Die Sippe gab mich einem Mann
Im andren Teil der Welt,
Vertraute mich dem Fremden an,
Dem König der Barbaren.
Das runde Zelt ist mein Palast,
Die Mauern sind aus Filz.

Das trockne Fleisch ist mir verhaßt
Und das Getränk Kumys.
Ich träume von der Heimat stets,
Mein Herz ist fast besiegt.
Oh, wäre ich der gelbe Schwan,
Der heimwärts fliegt.**

Die mit zwei Sternchen (**) gekennzeichneten Verse sind nach Auszügen aus der *Anthologie de la poésie chinoise,* herausgegeben von Paul Demiéville, Paris, Gallimard, 1962, 2. Aufl. 1969, übersetzt.

Ein alter Vers aus der damaligen Zeit besagt:

Der Mann ist immer mit der letzten Frau verbunden,
Die Frau mit dem, der sie zuerst gefunden.

Wenn man die Geschichte glaubt, so passierte eben das der Cho Wen-chün, der Frau des Szu-ma Hsiang-ju, des berühmten Dichters aus der Han-Zeit. Was für ein seltsames Geschick war ihr widerfahren! Hervouet erzählt davon in *Ein Dichter am Hofe der Han-Dynastie, Szu-ma Hsiang-ju* (Un Poète de cour sous les Han, Ssu-ma Siang-jou).

Der Kaufmann Cho Wang-sun, Herr über achthundert Sklaven, war hartnäckig bestrebt, sich die Gunst des Präfekten zu verschaffen und hatte diesen hohen Beamten zu sich eingeladen; dieser beherbergte gerade den Szu-ma Hsiang-ju und begab sich deshalb in Begleitung des Gastes zu dem Kaufmann. Im Verlaufe eines Mahles, welches reichlich mit berauschenden Getränken begossen wurde, bat der Präfekt den Dichter, zur Laute zu spielen. »Nun aber hatte Wang-sun eine Tochter namens Wen-chün, die seit kurzem Witwe war und die die Musik liebte. Hsiang-ju, der so tat, als ob er dem Präfekten damit Ehre erwiese, wollte die junge Frau dadurch verführen, daß er die Gefühle seines Herzens auf der Laute ausdrückte. Nachdem er in Lin-ch'iung mit einer berittenen Eskorte in seinem Gefolge eingezogen, sein ungezwungener Gang und seine vornehme Haltung herrlich anzuschauen waren, und während er auf dem Fest der Familie Cho zechte und zur Laute spielte, freute sich Wen-chün, die ihn von der Tür aus heimlich beobachtet hatte, in ihrem Herzen und begann in zu lieben.« Das *Hsi ching tsa chi* beschreibt die Heldin in folgender Weise: »Wen-chün war sehr schön. Ihre herrlichen Brauen sahen wie ein Berg aus, den man weit am Horizont sieht. Die Linien ihres Antlitzes hatten die beständige Schönheit des Hibiskus. Ihre weiche und glatte Haut wirkte wie Salbe.« Die Beschreibung ist völlig in konventionellem Stil gehalten; die folgende, die ebenfalls aus der Han-Zeit datiert, hätte den Tatbestand genauso gut getroffen: »Ihre Finger sind wie die Schößlinge der weißen Gänsedistel, ihre Haut ist gefrorener Schminke ähnlich, ihr Hals ist wie ein Weißwurm, ihre

Zähne sind Melonenkerne, ihre Stirn gleicht dem Kopf der Zikade, ihre Brauen sind wie die Fühler der Seidenraupe, ihre schwarzen Haare entsprechen den Wolken, keine falschen Locken sind darin, ihre Stirn ist weiß, wie blitzen die Zähne inmitten eines artig geübten Lächelns!«

Szu-ma Hsiang-ju schien zu behaupten, daß Wen-chün, als gute Chinesin an ihre untergeordnete Stellung gewöhnt, daran dächte, »nicht Anspruch auf irgend etwas haben zu können«. Die Verse, von der die Tradition versichert, daß sie Szu-ma Hsiang-ju gesungen habe, hätten sie beruhigen sollen:

Der Phönix kehrt nun in sein Heimatland zurück.
Er irrt umher nach einer Frau auf den vier Meeren.
Er hat sie nicht gefunden, weiß nicht mehr, wohin ...
Wie glaubt er da am Abend, zur hohen Halle aufzusteigen?
Dort wohnet eine schöne, tugendhafte Dame,
Das Zimmer ist nah, und sie ist fern: »Welch Gift in meinen Eingeweiden!«
Was tun zwei Enten, ihre Schwänze zu verbinden?

Darauf antwortet dieses zweite Lied:

Die Dame Phönix findet ihn in ihrem Stall.
Sich hinzugeben ganz, für immer seine Frau zu sein:
In der Verbindung ihrer Körper klingen ihre Herzen.
Zur Mitternacht trifft sie ihn wieder: Weiß man es?
Beide Vögel heben in den Himmelsazur sich empor ...
Da ich den Traum verlasse, ist mein Herz so traurig.

In derselben Nacht noch entfloh Wen-chün, ohne bei ihrem Vater Rat eingeholt zu haben; denn eine Witwe, die sich achtet, heiratet nicht wieder; so war es Brauch. Unüberlegter Streich oder Herzensangelegenheit? Liebe auf den ersten Blick war es auf jeden Fall, und das wurde in China eines der am meisten bevorzugten Motive der Liebesgeschichten. Sehr häufig schilt man die Heldin: dafür möge dieses *Klagelied über die weißen Haare* zeugen, das man fälschlicherweise Cho Wen-chün zuschreibt:

Weiß sind meine Haare, wie der Schnee der Berge,
Weiß wie der Mond, der in den Wolken schwimmt.
Ich höre, Euer Herz hat sich geteilt;
Deshalb bin ich gekommen, uns zu trennen.
Dies Treffen heute dient dem Trunke nur;
Wir werden morgen da, wo der Kanal sich krümmt,
Mit schweren Schritten auf dem Deiche wandeln.
Nach Ost und West verteilen sich die Wasser dort ...
Traurig bin ich, kummervoll für ewig.
Kann denn die Gattin Tränen noch erhoffen?
Sie wünscht sich einen Mann mit treuem Herzen,
Der ihrem weißen Haar verbunden bleibt.
Was schwankt der Bambus immer hin und her?
Wie zittert doch der Schwanz des Fisches! ...
Ein Mann jedoch muß sich im Zaume halten.
Warum nur habt Ihr Euren Schatz verschleudert?

Wesentlich später fand sich wenigstens einer, der zudem noch in einem puritanischen Jahrhundert lebte, die Verteidigung der Liebenden zu übernehmen, Yao Tsi-heng: »Ich frage mich, warum Szu-ma Hsiang-ju, bei seinen Gaben und dem hervorragenden Eindruck, den er zu Pferde machte, nicht den Präfekten als Heiratsvermittler gebeten hatte. Wen-chün hätte auch nicht Kummer haben müssen, Hsiang-ju nicht angehören zu können. Statt dessen verführt dieser sie mit seiner Laute und verleitet sie dazu, gegen die Anordnungen ihres Vaters zu handeln. Warum das? Weil Hsiang-ju und Wen-chün das herausragendste Paar dieser ganzen Geschichte waren. Mit dem Präfekten als Heiratsvermittler hätte sich die Angelegenheit im Interesse aller am besten regeln lassen. Das wäre dann aber auch eine Art Markt gewesen, wie es für die Frau gewöhnlich der Fall ist. Wie hätte man dann die Augen zweier Liebenden sehen können, die den Abglanz ihrer Freude widerspiegelten? Der eine verführt, die andere flieht. Es ist klar, daß diese Handlungsweise nicht einer Interessenverbindung entspricht. Obgleich diese Haltung nicht gerade als orthodox betrachtet werden könnte, hätte man sie deshalb als unzüchtig abwerten sollen?«

Der alte Cho brachte zugleich seine Geldgier mit den guten Sitten in Einklang und beschloß, daß diese nichtswürdige Tochter von ihm keine Sapeke bekommen würde. Hsiang-ju verkaufte darauf das Wenige, was er besaß; die Liebenden kehrten nach Lin-ch'iung zurück und kauften eine Schankwirtschaft, was damals als niederes Gewerbe galt und für Leute ihrer Herkunft demütigend war. Sieht man den Hofdichter nicht im »vollsten Trubel« das Geschirr waschen? Der alte Cho schämte sich so sehr, seine Tochter als Schwankwirtin sehen zu müssen, daß er nicht mehr wagte, seine Nase aus dem Hause zu stecken. Der Bruder der schuldig Gewordenen legte sich ins Zeug, einige andere Notabeln ebenfalls, so daß Wen-chün schließlich ihr Erbteil erhielt: hundert Sklaven und eine Million Geldstücke, mit einbegriffen alles das, was sie im Augenblick ihrer Heirat an Kleidungsstücken, Kopfbedeckungen und wertvollen Gegenständen besaß. Die beiden Liebenden lebten lange Zeit zusammen in »angenehmen Müßiggang«. Heuchlerisches Gerede will zu verstehen geben, daß sich Hsiang-ju durch das Übermaß an Freuden, die er mit seiner Schönen hatte, eine venerische Krankheit zugezogen hätte. Soweit wir nach dem klinischen Befund, über den wir verfügen, urteilen können, litt er vielmehr an Diabetes, welche das gute Essen und Trinken nur verschlimmern konnten. Er starb mit sechzig Jahren.

Ob er nun den *Narren der schönen Frau,* der stark von Erotik geprägt ist, geschrieben hat oder nicht (Hervouet sieht darin ein apokryphes Gedicht), so konnte der Konfuzianer Szu-ma Hsiang-ju doch genügend beweisen, daß man mit Leichtigkeit vom Konfuzianismus – in einem Leben voller Bezüglichkeiten – zur taoistischen Freiheit gelangen konnte, einer Freiheit, die zu kurz in einer geregelten Ordnung zwischen Sinnlichkeit und Liebe war.

IV

Eine sehr komplizierte Frau:
Wu Tseh-t'ien

Während noch der Konfuzianismus und der Taoismus sich in das sinnliche Gefühl und den Geist der Chinesen teilten, oft sogar geschah dies bei einem einzelnen Individuum, begann eine fremde Religion, die um die Zeitenwende in China Eingang fand, der Buddhismus, in diesem Lande eine zeitlich begrenzte Macht zu erlangen, die so außerordentlich war, daß ein T'ang-Kaiser ihr im Jahre 845 Einhalt gebieten mußte und Mönche und Nonnen vertrieb, die das Reich in Verruf brachten, indem sie ihre Stellung mißbrauchten.

Dadurch, daß diese Religion mit dem Hinduismus brach, da sie das Kastensystem zerschlug, und forderte, daß die Frau nicht mehr geringer gälte als ihr Ehemann, geriet sie in Übereinstimmung mit der taoistischen Spekulation. (Der Buddha selbst hatte wenig Zutrauen zu den Frauen; er hatte sogar erklärt, daß deren Eintritt in seine Religion ihren schnelleren Verfall herbeiführen würde; seine Schüler jedoch proklamierten die Gleichstellung der Frau mit dem Manne.) Ohne Zweifel ist das einer der Gründe, warum die Chinesen bereitwillig konvertierten. Nicht zuletzt neigte der Chinese, gewiß aus egoistischen Motiven, zum Konfuzianismus. Viele Frauen traten nun in die Religion ein, sei es, daß sie eine erzwungene Heirat vermeiden wollten, sei es, daß ihre Eltern sie ein wenig zu schnellfertig dem Dienste Buddhas zugesprochen hatten. Um dem Fiskus zu entgehen, nahmen ganze Dörfer, Männer, Frauen und Wiegenkinder, den Mönchsstand an. Man wird zugeben müssen, daß diese Art der

*Seite 80–84
Illustrationen
zu einem Werk
über die
›Beschäftigung
der Damen‹.
Anonym.
Ming-Epoche.
(Foto: G. Bertin)*

Berufung in keiner Weise die Reinheit der Sitten garantierte. Daher rührt auch der schlechte Ruf der Mönche und Nonnen, die Erzählungen und Romane durchweg als ausschweifend schildern. Das bezeugt das Fragment einer Abhandlung, die dem Bruder des Dichters Po Chü-i zugeschrieben wird, des *Ta lo fu* oder *Traktat über die höchste Freude;* stellenweise urteilt es über die Klostersitten während der T'ang-Zeit:

»Obgleich sie niemals darüber zu sprechen wagen, sind die Nonnen im Grunde ihres Herzens bereit, sich langzulegen. Als Geliebte nehmen sie sich Adlige oder gebildete Personen von Ruf, die der Welt entsagt haben und in den Orden eingetreten sind; oder auch einflußreiche Mönche aus dem Ausland mit kahlem Kopf und kräftigem Penis, die trotz ihres fremdartigen Äußeren chinesisch sprechen. Sobald sie in Begleitung dieser ihrer Liebhaber sind, vergessen die Nonnen das Gesetz des Buddha und spielen unkonzentriert mit ihren Gebetsschnüren.«

Ein weiteres Zeugnis ist der *Ozean der Schande der Mönche und Nonnen*, das in der Ming-Zeit erschien: Dieses Werk interessiert uns indessen weniger wegen seiner Pikanterien über klösterliche Ausschweifungen als sich hier vielmehr wortwörtlich ein Text taoistischer Inspiration über die *Neun Positionen* befindet.

Eine Variante des Großen Fahrzeuges, der Tantrismus, dehnte sich in China im Gefolge der Mongoleneinfälle aus. Den Terminus »Tantrismus«, der bei uns etwa soviel bedeutet wie Idealismus oder Dialektik, möchte ich genauer fassen, indem ich ihn hier im Sinne einer religiösen Disziplin verstehe, welche lehrt, daß die geschlechtliche Vereinigung die sicherste Methode ist, um jenes Heil zu erlangen, das die orthodoxen Sekten eher dadurch zu erlangen suchen, daß sie den Verlockungen des Fleisches und jeder Form der Begierde entsagen. Die Adepten des Tantrismus waren auf eine ergänzende Form der männlichen und weiblichen Prinzipien versessen, zu der ihnen der Hermaphrodit als gleichsam göttliche Vollendung das Idealbild abzugeben schien, und sie praktizierten eine sexuelle Technik, welche derjenigen der Taoisten entsprach: Durch den coitus reservatus gedachten sie die ganze Stärke und Kraft ihres Samens in das Hirn zurücklaufen zu lassen.

84

Was ist Erstaunliches daran, wenn die Chinesen Theorien übernahmen, die ihnen vertraut erschienen, wenn sie an Massenorgien teilnahmen, die ihnen der Taoismus als Äquivalent angeboten hatte? Die Gelehrten fragten sich weiterhin, in welchem Maße der Tantrismus eine indische Schöpfung oder nicht vielmehr sich verwirklichende Form des indischen Buddhismus unter dem Einfluß des Taoismus ist. Im Jahr 1949 publizierte J. Filliozat eine Arbeit *Taoismus und Yoga* (Taoïsme et Yoga), worin er darauf aufmerksam machte, daß bei den Tamilen Legenden über alte Weise weiterlebten, die nach China gegangen wären und von dort philosophische Vorstellungen zurückgebracht hätten, aus denen noch die Tatsache herrührte, daß die Tamilen, entsprechend dem chinesischen Dualismus des *yin-yang,* ihre Mineralien in maskuline und feminine einteilten. Man muß also als historische Tatsache gelten lassen, daß, wenn einerseits chinesische Pilger bis nach Indien auf der Suche nach heiligen Texten und kanonisch fixierten Ordensregeln gezogen waren, auf der anderen Seite auch Inder aus China mit neuen philosophischen Wahrheiten zurückgekehrt waren. Und wenn es auch nichts weiter als ein Fall von Koinzidenz wäre, so besteht doch die Tatsache, daß der Tantrismus und der Taoismus übereinstimmende Ansichten über die Wirkungsgrade und letzten Ziele der Lust entwickelt haben.

Mir ist noch erinnerlich, welche Freude ich hatte, als ich im Jahr 1957 Tun-huang besuchte, das buddhistische Heiligtum an der Seidenstraße. Außer der Hauptgrotte, die aus der T'ang- und der Sung-Dynastie datiert, bewunderte ich die Grotte 465, welche Ende des 13. oder während der ersten Hälfte des 14. Jahrhunderts unter der mongolischen Yüan-Dynastie ausgemalt wurde. Es ist die einzige Grotte in Tun-huang, die einen Komplex tantrischer Bilder zeigt. Vorherrschendes Thema ist ein erotischer Doppeltanz, der inmitten eines die gesamte Schöpfung darstellenden Weltenrades die mystische und befruchtende Vereinigung symbolisiert. Zahlreiche Arme haben die hehren Liebenden, wodurch es ihnen möglich wird, selbst während der Vereinigung, mit dem Bogen zu schießen, während sie die anderen Arme frei haben, um sich einzuhüllen, sich zu umarmen und sich zu umschlingen. Das große Paar, welches sich auf dem

Wandgemälde links vom Eingang befindet, schien mir, was die Gesamtansicht und einzelne Gesichtszüge betraf, den Ausdruck eines besonderen Glücks zu zeigen, aber ich frage mich noch immer, welche Ulanova, welche Skorik imstande wäre, in solcher Art ihr linkes Bein auf den rechten Schenkel ihres Tänzers zu legen, wobei noch die Liebe vollzogen wird. Bei dieser starken erotischen Wirkung ist die Darstellung völlig frei von Obszönität, wie es auch die taoistische Erotik ist. So war ich nicht sehr erstaunt, einige Jahre später bei Van Gulik *(Sexual Life in Ancient China)* lesen zu können, daß man nach der chinesischen Restauration während der Ming-Dynastie tantrische Kunst dieser Art dazu benutzte, die Prinzen und Prinzessinnen die Verfeinerungen und Variationsmöglichkeiten ihrer ehelichen Pflichten zu lehren: »Indem der Kaiser zu solchem Zwecke die Darstellungen benutzte, nahm er unwissentlich deren wahre Funktion wieder auf, die seine Vorfahren in echt chinesischer Tradition den künstlerisch ausgedrückten Variationen der geschlechtlichen Vereinigung beigemessen hatten, eben denen, die man in den Lehrbüchern der Erotik finden konnte, welche zur Belehrung der Ehepaare dienten.«

So liefert im chinesischen Buddhismus die eigentliche Basis der sakralen Erotik, der Tantrismus, nichts Neues. So verschrien er auch besonders bei denen, die die körperliche Liebe schmähen, sein mag, so ist er doch selbst in dieser Hinsicht weniger zu verwerfen als gewisse stärkere orthodoxe Formen. Durch einen merkwürdigen dialektischen Effekt ließ der Buddhismus, welcher von der Überwindng des Leidens ausgeht, in den Adels- und Fürstenkreisen Chinas eine unerbittliche Strenge aufkommen, die diesem Grundprinzip zu widersprechen scheint. Jacques Gernet hat mehr als ein Beispiel davon in seinem Werk *Die wirtschaftlichen Aspekte des Buddhismus* (Les Aspects économiques du bouddhisme) angeführt. Der Kaiser Kao Wei z. B., der letzte der Ch'i (565-577), ließ für Hu, eine seiner Konkubinen, das *Ta-ts'eh szu,* das »Kloster des großen Mitleids«, bauen: eines Mitleids, durch welches »unzählig die Männer und Rinder (waren), die umkamen«. Die Kaiserin Wu Tseh-t'ien verkörpert in erstaunlicher Weise diese Mischung von buddhistischer Bigotterie und unversöhnlicher Strenge, die zudem noch durch Ausschweifung einen essentiellen Beigeschmack bekam.

Im Jahre 638 wurde die junge Wu im Alter von 14 Jahren dem Harem des mächtigen Li Shih-min zugeführt. Damals war sie lediglich eine der dreitausend Schönen, die dieser zu seinem Vergnügen um sich geschart hatte, und sie war nichts anderes als die Tochter eines gewissen Kaufmanns Shih-huo, der dem Kaiser gewisse Dienste erwiesen hatte. Sie erfuhr trotzdem die Ehre des kaiserlichen Lagers und entwickelte seit diesem Augenblick einen unbeugsamen Ehrgeiz. Sobald sie die Krankheit ihres Herrn eine Erbfolge vermuten ließ, verführte sie den Kronprinzen, dessen Tau sie einsammelte, wie oben bereits berichtet wurde. Es gelang ihr außerdem, sich von ihm, der zum Kaiser Kao-tsung geworden war, schwängern zu lassen, und das in einem Kloster, wohin der Anstand die junge Wu samt den anderen Frauen des verstorbenen Kaisers hatte zurückziehen lassen (649). Von da an begann sie, mittels Intrigen, Verleumdungen, Mord, wenn es nötig war, auch durch Unterwürfigkeit und Verstellung, alle Frauen und Männer aus dem Wege zu räumen, die sie noch von der Macht trennten. Sie zögerte nicht einmal, selbst eines ihrer Kinder zu töten, um diesen Mord der Kaiserin in die Schuhe zu schieben, die darob in Ungnade fiel, und dasselbe gelang ihr bei einer Gattin zweiten Ranges, deren Charme und Einfluß sie sehr fürchtete. Die beiden unschuldigen Frauen, die doch nur die Sünde begangen hatten, dasselbe Lager mit Kao-tsung zu teilen, wurden mehrere Jahre in einem tiefen Kerkerverlies gefangengehalten und schließlich hingerichtet: Füße und Hände wurden Ihnen abgetrennt, die Stümpfe auf dem Rücken zusammengebunden, und danach quälten sie sich noch mehrere Tage in einem großen Essigkrug zu Tode. Kao-tsung war zur Ausübung der Macht unfähig, aber wohl imstande, die Intelligenz und den politischen Verstand der Wu zu schätzen, die er im Jahr 655 zur Kaiserin gemacht hatte, und so ließ er sie während seiner letzten Jahre bis zu seinem Tode (683) an der Macht teilhaben.

Zur Herrscherin ernannt, war sie letzten Endes politisch nicht stark genug, sich den Titel der Kaiserin selbst zuzuerkennen. Ihre buddhistische Frömmigkeit führte sie bald mit dem Priester Hsie Huai-i zusammen, welcher »lasziv und besonders talentiert

Seite 88–96
Aquarelle auf Seide. Anonym.
17. Jh. (?).
(Foto: Wango Weng)

in den sexuellen Künsten« war. Von einer Prinzessin empfohlen, die mit ihm hervorragende Erfahrungen gemacht hatte, begab sich der Bonze in den Dienst und das Bett der Thronräuberin Wu Tseh-t'ien. In seiner Eigenschaft als kaiserlicher Geliebter wurde er mit dem Bau eines fünfstöckigen Tempels beauftragt, der sich durch eine dreißig Meter hohe Statue auszeichnete. Derselben Person vertraute Wu auch den Bau des *Ming-t'ang,* des Heiligen Palastes, an. »Sowie der Palast fertiggestellt war, erhielt der Priester den Titel eines »Kommandierenden Groß-Generals der Kaiserlichen Garde zur Linken« und wurde zum Herzog des Fürstentums Liang gemacht. Obwohl die Kaiserin fortgeschrittenen Alters war, »benutzte (sie) Schminken und Kosmetika mit solchem Geschick, daß ihre Umgebung nicht den körperlichen Verfall bemerkte«, berichtet das *Hsin T'ang-shu.* Tatsächlich verwendeten zu dieser Zeit die Frauen der privilegierten Klassen die Schminke auf äußerst kunstvolle Weise: die Lippen wurden rot pomadisiert, die Augenbrauen waren kunstvoll und künstlich mit einem Tupfen gepflegt und kobaltblau bemalt, auf den Wangen waren Schönheitspflästerchen und rote Plättchen placiert, Pflästerchen befanden sich auch auf der Stirn, bis zum Kinn hinunter, und nicht nur zum einzigen Zweck, die Brandspuren zu überdecken, die eifersüchtige Ehefrauen im Gesicht von nach ihrer Meinung zu sehr favorisierten Konkubinen hinterlassen hatten. Gelb bemalt und in Form einer Mondsichel, trugen gewisse Frauen auf der Stirn auch das, was man »das Zeichen der Schönheit« nannte.

Wu Tse-t'ien konnte solcherart die Spuren des Alters verwischen, doch das *Hsin T'ang-shu* sagt nichts darüber, was sie tat, um ihre Liebhaber hinsichtlich der Qualität ihres Dekolletés zu täuschen, das die Damen jener Zeit abwärts gerichtet und zugleich offen trugen, ferner auch nicht, wie sie es zuwegebrachte, daß man sie den jungen Schönen vorzog, welche, der Mode zu schmeicheln, mit nackter Brust tanzten. Wahr ist, daß, als ihr in fortgeschrittenem Alter zwei Zähne hervorgesprossen waren (ein Phänomen, das häufiger ist, als man denkt), zwei Mönche sie eiligst zu überzeugen suchten, daß dies das Zeichen ewiger Jugend bedeutete.

Zwischen zwei Umarmungen ließ sie die Kehle von Prinzen, Mandarinen oder Ministern, die ihr mißfallen hatten, durchschneiden. »Das Blut rötete die Pforten der Gefängnisse. Ganze Familien konnten sich nicht mehr fortpflanzen.« Als sie, die das Hsie Huai-i die »Große Mutter« nannte, 72 Jahre alt war, wurde sie der Treulosigkeiten ihres Mönches überdrüssig und zog den Hofarzt Ch'en An-chiu zu sich. Der Mönch rächte sich und zündete das *Ming-t'ang* an, das er gebaut hatte, worauf die Usurpatorin ihn töten ließ. Darauf vernarrte sie sich in zwei Stutzer, die Brüder Chang (welche man Herr Fünf und Herr Sechs nannte). Die Geschichte berichtet nicht, ob sie ihren fast achtzigjährigen Körper im Spiegelsaal hingab, den sie hatte bauen lassen, um sich dort mit dem Kaiser Kao-tsung zu belustigen; man muß es wohl bejahen, denn ein zeitgenössisches Gedicht erzählt von Herrn Sechs, daß »er mehr als ein geheimes Spiel im Spiegelsaal spielt«.

Mit 81 Jahren setzte man sie nach einer Palastrevolution an einen bewachten Ort, während ihre beiden Liebhaber massakriert wurden. Im selben Jahre (705) starb sie eines natürlichen Todes, nachdem sie sich den posthumen Titel »Nach dem Willen des Himmels regierende Große und Heilige Kaiserin« zuerkannt hatte. Man ließ ihr aber nur den Titel »Große und Heilige Himmlische Kaiserin«.

Nicht weniger berühmt ist das Schicksal einer anderen Konkubine, die kurze Zeit nach Wu Tseh-t'ien lebte, der Yang Kuai-fei.

Unweit von Hsi An-fu wird der Reisende inmitten der Hochstätten chinesischer Kultur, der Stadt der Han-Kaiser, des Grabes von Ch'in-shih Huang-ti, nicht versäumen, das *Hua ts'ing ch'i* zu besuchen, das Marly oder das Trianon der T'ang-Prinzen. Heute findet man dort Thermen mit schlammigem Wasser, das dennoch Wasserpflanzen verschiedener Arten zum Blühen bringt. Um so erstaunlicher ist das klare Wasser im »Bad in der Form der Päonie«, welches den Eindringling von den Formen der schönen Yang Kuai-fei träumen läßt, von der die Legende sagt, daß sie dieses *Hua ts'ing ch'i* so sehr liebte. Ein chinesisches Theaterstück und ein japanischer Film rühmen sie um die Wette. Man

besang sie noch zu ihren Lebzeiten. Besonders berühmt ist das *Lied von der ewigen Reue* (oder den *ewigen Gewissensbissen)*, welches Po Chü-i (772-846) geschrieben hatte.

LIED VON DER EWIGEN REUE

Der luxussüchtige Kaiser der Han erträumte die Frau, die den Thron im verdürbe;
Er herrschte bereits viele Jahre, ohne sie je entdeckt zu haben.
In der Sippe des Yang lebte ein Mädchen, sie war in der Blüte der Jugend;
Aufgewachsen im Frauengemach, war sie die reinste von allen.

Da sie vom Himmel die Schönheit erhalten, verblieb die Klause ihr nicht;
Man bat eines Tages sie, sich dem Herrscher zu nähern.
Als sie mit schelmischem Blick zu lächeln begann, erstrahlte ihr Charme,
Daß keine ihr glich von all den Gepuderten in den sechs Harems.

An kaltem Frühlingstage ging sie im Bassin der Arglosen Blumen zu Bade,
Die zärtliche Woge der warmen Quelle ließ glänzen das Weiß ihres Körpers.
Auf hoben sie dienende Mädchen, da schwach sie und ermattet:
Danach begann sie, des Prinzen Liebesbezeugung zu schätzen.

Das Rosengesicht besaß die Goldkrone, die bei dem Schritt der Königin zittert;
Unter dem seerosenbemalten Vorhang erlebt sie die Liebe im Frühling.
Zu kurz sind die Nächte, wenn früh die Sonne sich hebt.
Seitdem enthielt sich der Herrscher der Morgenvisite.

Der Freude und den Festen zugetan, genoß sie keine Ruhe noch Erholung;
Sie nahm an seinen Frühlingslustbarkeiten teil, war jede Nacht bei ihm.
Im Harem waren eingesperrt dreitausend schöne Frauen,
Von Stund an eine liebte nur der prinzliche Galan.

Im goldnen Zimmer, aufgeputzt, hat ihre Anmut sie zu zartem Dienst benutzt.
Im Jadepavillon verband sich trunkne Wut am Schluß des Fests mit Liebesglut.

Worum handelte es sich wirklich? Um die Tochter eines Offiziers, der eine hohe Funktion im Kriegsministerium ausgeübt hatte, und den Jui-tsung, einer der Söhne der Wu Tseh-t'ien, ein Schattenkaiser, zu adeln für gut befunden hatte. Jui-tsung war der Vater dessen, der Hüan-tsung, der berühmte Kaiser Minghuang, werden sollte. Dieser regierte schon acht Jahre, als das Fräulein Yang im Jahre 720 geboren wurde. Mit ihrem fünfzehnten Lebensjahr wurde sie eine der Konkubinen des achtzehnten Sohnes des Herrschers, des Prinzen Shou. Sie bezauberte durch einen pummeligen Körper, sagt man, was bei den chinesischen Schönheiten durchaus selten ist. Um Hüan-tsung zu schmeicheln, wollen die chinesischen Historiker glaubhaft machen, daß dieses selten schöne Mädchen dei Jahre lang weder die Aufmerksamkeit des Shou erregt noch seine Mußestunden versüßt hätte. Durch kaiserlichen Entschluß wurde das junge Mädchen schließlich im Jahre 738 besonders begünstigt und erhielt zehn Jahre später den Rang einer *Kuai-fei,* einer »kostbaren kaiserlichen Gattin«, sowie den Titel *t'ai-chen kung-chu* − »Prinzessin der höchsten Wahrheit«. Achtzehn Jahre lang blieb Kuai-fei die uneingeschränkte Herrin über die Sinne, den Geist und das Herz ihres Herrn.

Sie zog Gewinn insofern daraus, daß sie alle ihre Angehörigen protegieren und unterbringen konnte: drei Schwestern konnten als Konkubinen geadelt werden. Was ihren berühmten Vetter Yang Kuo-chung anging, der als Wüstling, Trunkenbold und Spieler bekannt war, so konnte der durch den Einfluß seiner schönen Verwandten die höchsten Ämter erreichen. Daher zieht Po Chü-i einen denkwürdigen Schluß:

Die Schwestern, Brüder, alle wurden sie bedacht mit Lehen;
In solchem Glanz erstrahlte da sein Haus,
Daß überall im Land den Elternherzen
Die Wiege eines Sohnes ferner stand als eine Tochter.**

Es genügte also, daß der Erfolg der Konkubinen eine feste Einschätzung und religiös bedingte Haltung insofern pervertierte, daß man im Lande des Ahnenkultes soweit kam, die Geburt einer Tochter zu wünschen! Jede Tochter träumte davon, daß man

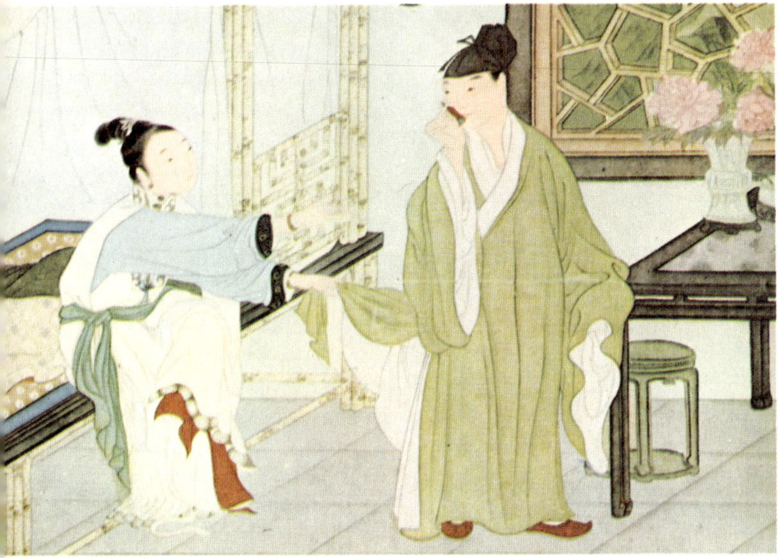

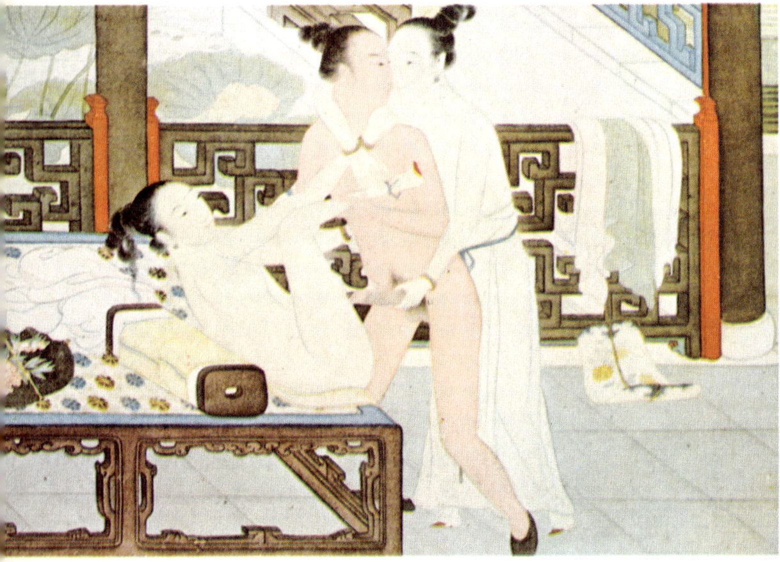

eines Tages für sie den »Preis des Körpers« zahlte und daß sie zum Kaiser geführt werden würde, nackt unter einer rituellen Decke. Eine andere Ursache, der Abscheu vor dem Soldatenberuf, konnte natürlich auch die Eltern dazu treiben, sich eine Tochter zu wünschen. Man lese hierzu einige Verse des Tu Fu:

> Erscheint mir als ein Unglück, einen Sohn zu haben,
> So seh ich eine Tochter als Wohltat an:
> Die Tochter kann man einem Nachbar wohl vermählen.
> Den Sohn muß man verscharren in der Steppe.
> So seht doch, Herr: Entlang dem Koko-Nor
> Seit langem bleichen Knochen, niemand will sie sammeln.

Der Kaiser Ming-huang hatte seine Hauptstadt in eine Akademie für Poeten, Maler und Musiker verwandelt, wie um die religiöse Strenge, die unter der Wu Tseh-t'ien seine Kindheit bedrückt hatte, aus dem Gedächtnis zu löschen. Yang Kuai-fei und sein erhabener Geliebter dichteten selbst.

> Im Palast des Schwarzen Pferdes, der hoch sich in die blauen Wolken reckt,
> Verwehten himmlische Akkorde, die spielerisch von Zeit zu Zeit der Wind zerstieß.
> Es waren traurig-lange Lieder, sanfte Töne zur Zither und zu Flötenmelodien.
> Der Herrscher wurde niemals müde, sie zu hören Tag für Tag ...**

Wenn das Reich von einem Manne regiert wurde, der so glücklich war, daß er seine Audienzen vergessen konnte, wie hatte es dann dem Aufstand von 755-756 widerstehen können, als An Lu-shan nach Überschreiten der schlecht verteidigten Pässe über die Hauptstadt herfiel und sie einnahm. Die kaiserlichen Geliebten hatten die Flucht ergriffen; als ihr Gefolge in dem Dorfe Ma Wei anlangte, verlangte die Armee, daß man die gesamte Familie Yang tötete, von der man glaubte, daß von ihr so viel Unglück gekommen wäre. Ohne die Erlaubnis des Kaisers eingeholt zu haben, enthauptete man den Yang Kuo-chung und forderte den Kopf seiner Favoritin. Hüan-tsung bot ihn ihnen dar:

*Seite 98–102
›Chinesische Schönheiten.‹
Album, aus 12 Tafeln
bestehend, von denen sechs
hier wiedergegeben sind.
Die dritte Tafel ist signiert
und datiert:
›gezeichnet von Tsao Tse-pan,
Tsung-Cheng-Epoche
(zur Ming-Zeit), sechstes Jahr,
siebenter Monat‹ (1633).
(Foto: G. Bertin)*

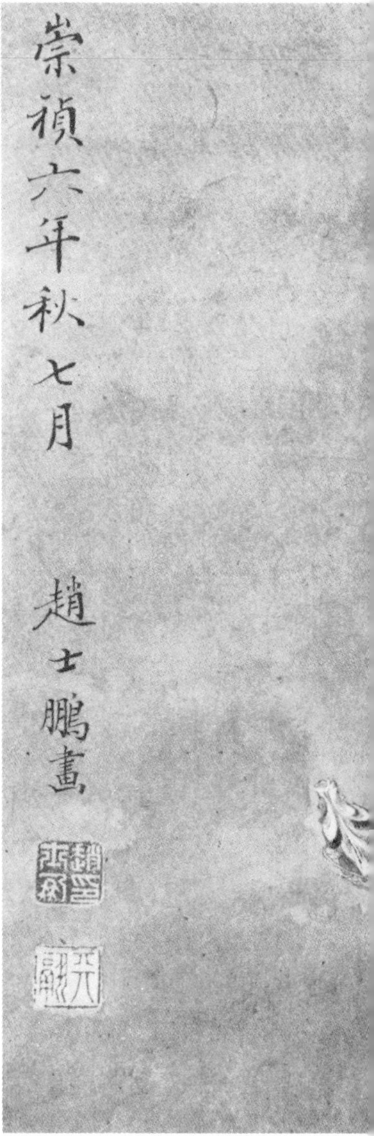

崇禎六年秋七月

趙士鵬畫

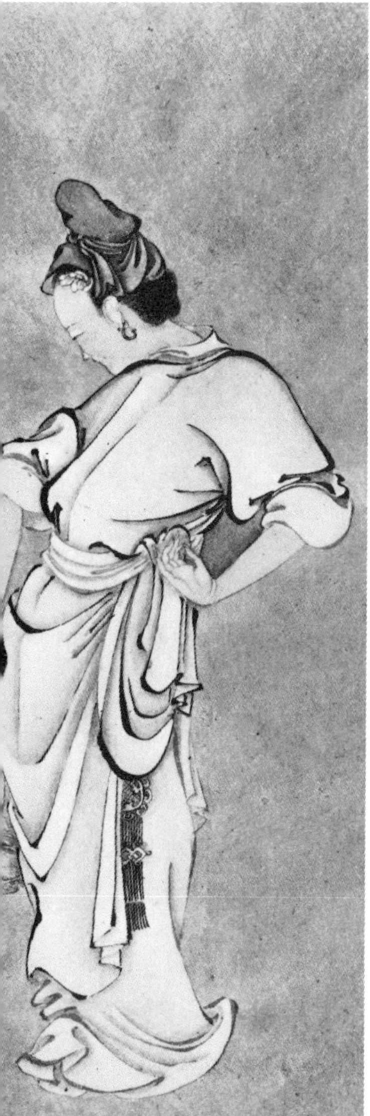
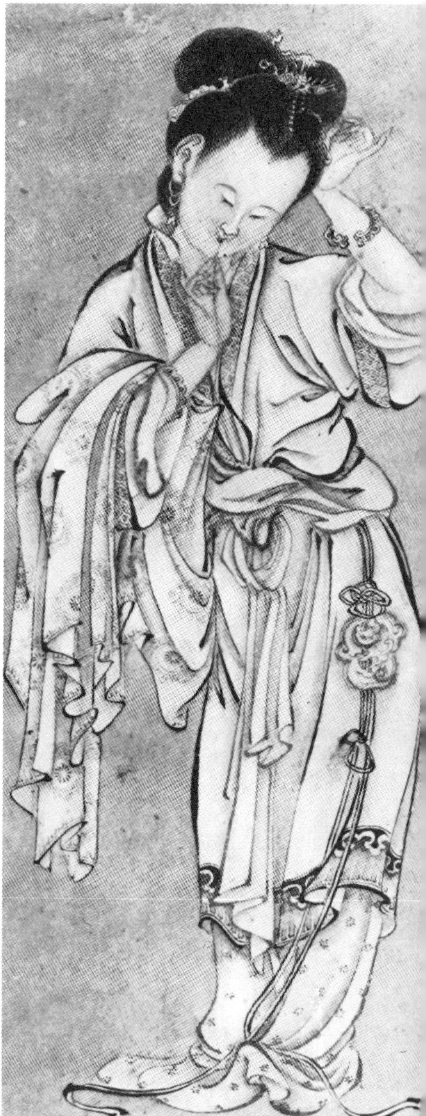

Kriegstrommler ließen, aufgetaucht aus Yu-yang, durch ihren
Schritt die Erde zittern
Und brachten Panik in die Weise vom »Regenbogenrock und Fe-
dernwams«.
Auf den Wällen der Stadt der neun Tore waren die Tage gefüllt
mit Bränden und Rauch!
Mit tausend Wagen und zehntausend Reitern setzt sich der Hof
nach Südost in Bewegung.

Die kaiserliche Fahne schwankt, dem Halt und Drängen preisge-
geben,
Hat aus der Stadt sich wenig mehr als hundert Stadien entfernt,
Als sechs Legionen ihr den Weg verlegten: da war keine Rettung;
Ein schwaches Opfer, kam die Schöne mit den schmalen Brauen
inmitten ihrer Pferde um.

Der Boden wird besät mit Schmuck aus ihrem Haar, und nie-
mand liest ihn auf,
Mit ihren Reiherfedern, ihrem goldenen Vogel, ihren Jade-
nadeln.
Der Kaiser hat sein Haupt verhüllt, unfähig, ihr zu helfen;
Er wendet sich, schaut hin, Blut fließt mit seinen Tränen.**

Yang Kuai-fei war erst 36 Jahre alt. Nachdem die Rebellion nie-
dergeschlagen worden war, kehrte der Kaiser im Jahre 756 in seine Hauptstadt zurück und dankte zugunsten seines Sohnes Su-
tsung ab; die Legende aber weiß zu berichten, daß er die Un-
glückliche niemals vergaß.

Im Pfefferdüfteharem werden die Eunuchen und die Luxusmäd-
chen älter.

Wenn die Johanniskäfer fliegen, sitzt abends im Palast der Herrscher trauernd;
Einsam ist die Lampe ausgebrannt, er findet keinen Schlaf.

Mit schweren Schlägen künden Glocke und Tambur den Anfang
der unendlich langen Nacht.
Fahl blinkt der Zitterglanz der Galaxie am Himmel, wo der Tag
beginnen wird.

Dachziegel, die wie Vögel sich verbinden, schimmern unter
schwerem Blumenrauhreif.
Kalt bleibt die Decke mit den Reiherpaaren, niemand wärmt sie
ihm.

Seit ein unmenschliches Geschick die Tote von ihm trennt, ist
längst ein Jahr verflossen,
Und niemals hat die Seele der Geliebten in seinen Träumen ihn
besucht.**

Pilger sind schon nach Ma Wei gezogen, um die Reliquien der
Yang Kuai-fei zu verehren: einen Strumpf der Favoritin. 1957
hatte ich es mir im *Hua ts'ing ch'i* nicht nehmen lassen, einige
Blüten des *jung hsien hua* (der albizzia julibrissin der Botaniker,
unseres Seidenbaums bzw. der türkischen Rosenakazie) aufzu-
lesen, die einige Schritte vom Bade entfernt, von dem man
glaubt, daß es der Yang Kuai-fei gehört habe, den Boden be-
deckten. Von zarter Form und Farbe und einen betäubenden
Duft ausströmend, schienen sie mir der schönsten, glücklich-
sten und unglücklichsten Frau würdig.

Trotz des Buddhismus hatten sich die Künste des Schlafzimmers während der T'ang-Zeit entwickelt und verfeinert und so
sehr mit der Religion verbunden, daß Dr. Wu-shan Sheng als
Motto für seinen Essay über die Erotik Chinas folgende Worte
hatte nehmen können: »Wer die höchste Form religiöser Ver-
senkung gefunden hat, kann ohne Bedenken Inzest mit seiner
Mutter, seiner Schwester, seiner Tochter oder sogar mit der Mutter eines Buddha begehen.«

Seite 106–112
Stiche. Anonym. 18.–19. Jh. (?).

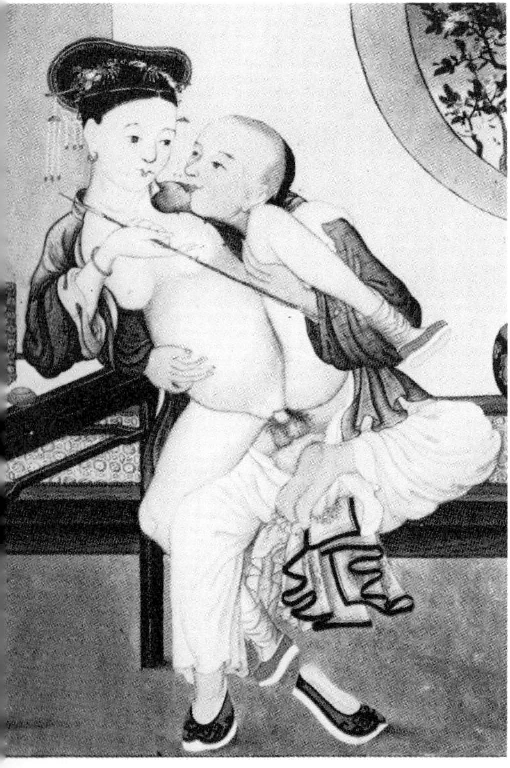

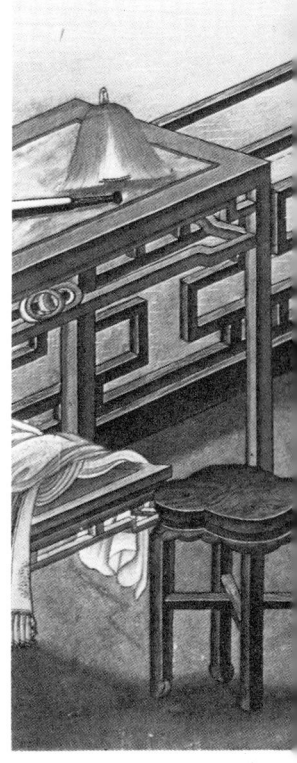

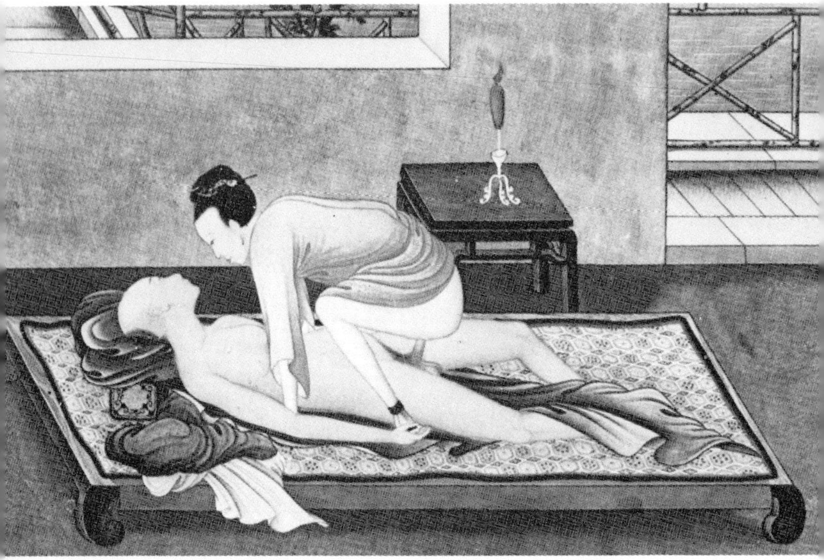

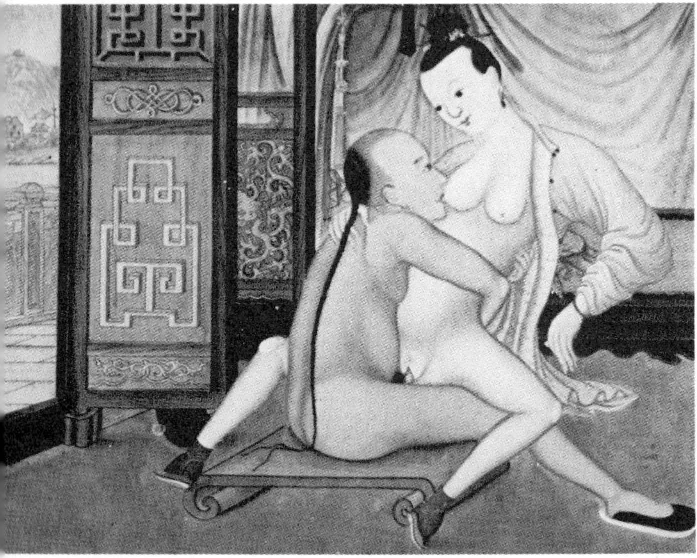

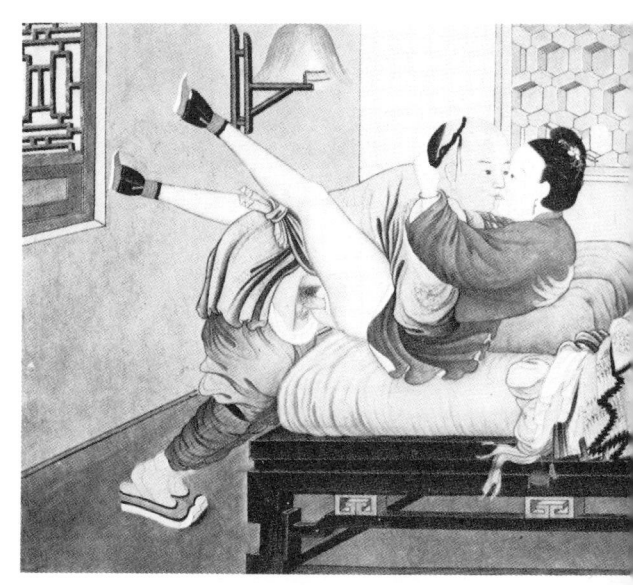

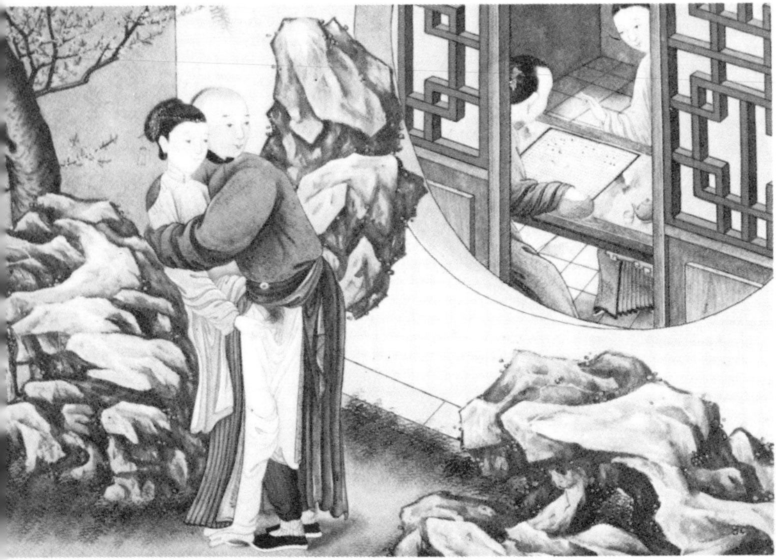

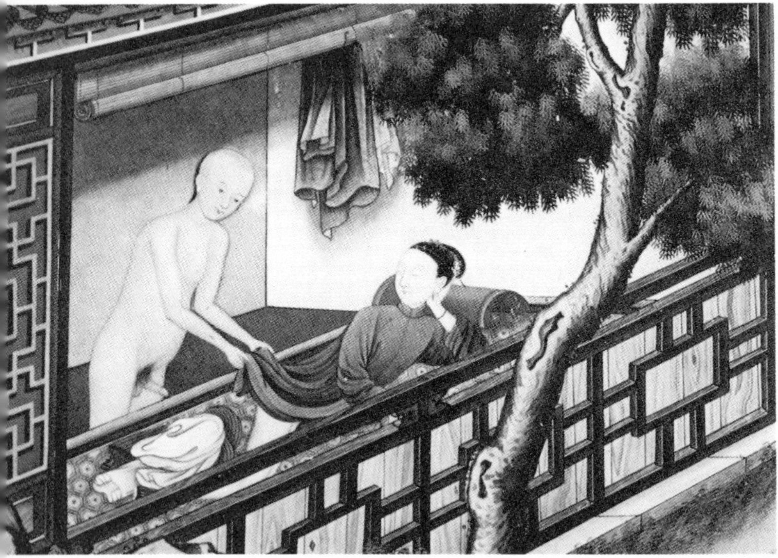

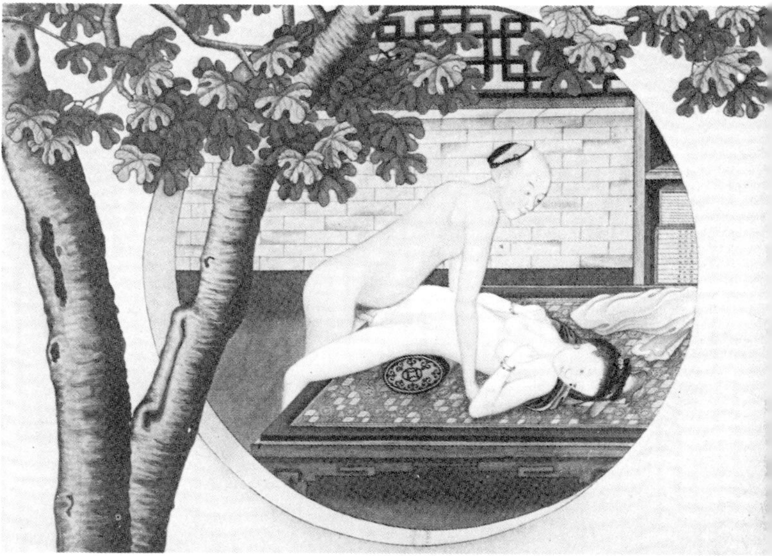

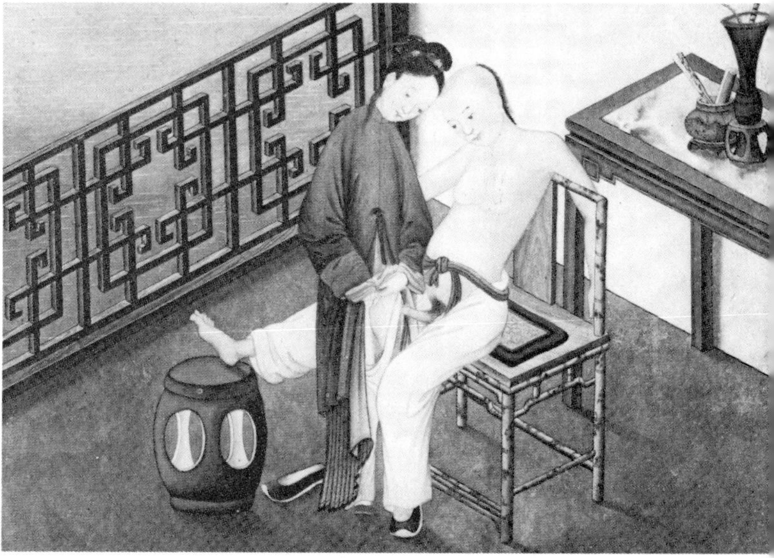

Seite 113–120
Illustrationen zu
einem aus der
Ming-Epoche
stammenden Werk.
16.–17. Jh.

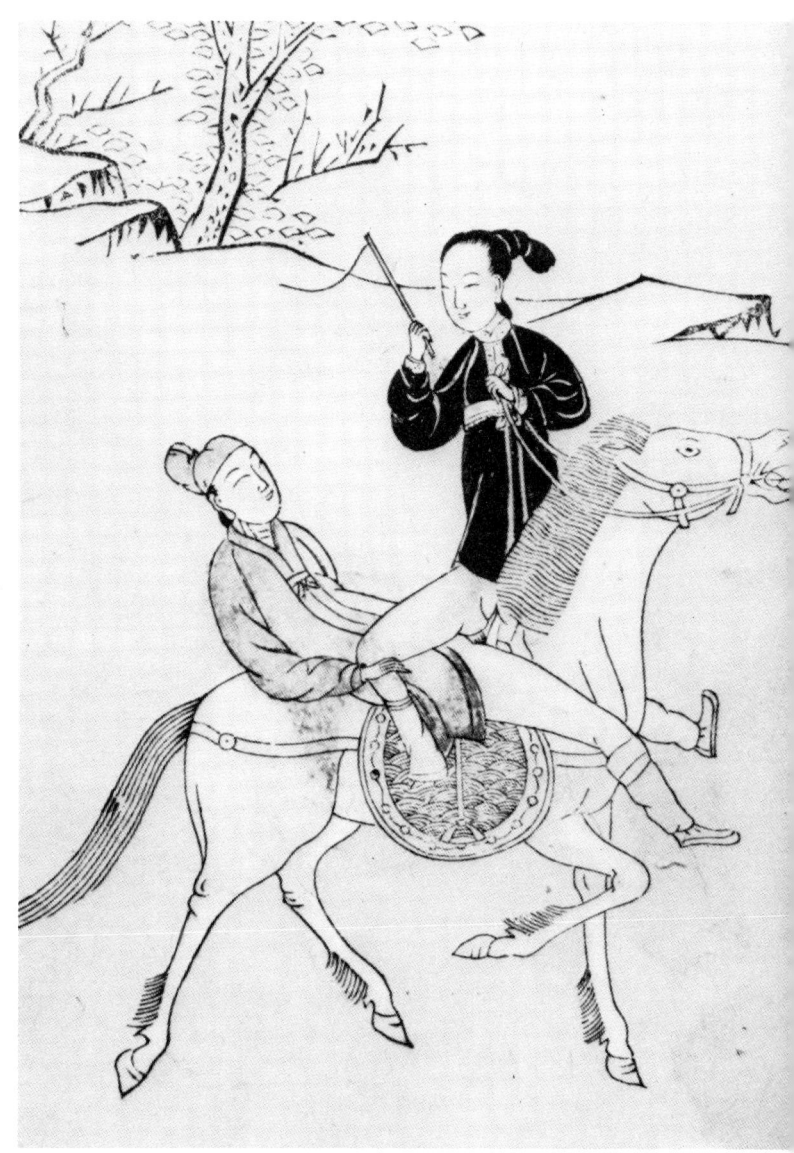

116

118

V

Die Erotik und die Literatur

Von dem geheimen Einverständnis zwischen der chinesischen Erotik und dem Buddhismus, der importierten Religion, zeugt nichts deutlicher als der Roman *Jou p'u-tuan,* d.h., *Der Gebetsteppich der sinnlichen Lüste (Jou* ist im Chinesischen »das Fleisch«, *p'u* »das Schilfrohr« und *p'u-tuan* bedeutet »ein Kissen aus Schilf oder Stroh«, das Kissen der buddhistischen Mönche, das sie benutzen, wenn sie beten oder meditieren).

Im ersten Kapitel vernimmt ein vergnügungssüchtiger Gelehrter namens Wei, ein ganz scheinheiliger Buddhist, die Ermahnung eines Asketen. Er hört schlecht auf sie, gewiß; wir aber müssen sie gezwungenermaßen über uns ergehen lassen. Kaum haben wir uns prustend geschüttelt, um uns von all diesem Weihwasser zu säubern, da taucht uns der Autor tief in den Taoismus: eben mit solchen schönen Bildern von der Art, die einst die Ratschläge des jungen, ganz natürlichen Mädchens illustrierten, klärt der perverse Wei auf das schnellste seine schamhafte Gattin auf, die Tochter eines Taoisten, der so unbeugsam ist wie sein Name: Eisenpforte. Bild Nummer eins: der Schmetterling flattert umher auf der Suche nach Blumenduft ..., Bild Nummer drei: das verwirrte Vögelchen kehrt in sein Nest im Waldesdickicht zurück; Bild Nummer vier: das ausgehungerte Roß galoppiert zur Raufe zurück. Der Autor, der mit seinen Wirkungen, unserer Aufmerksamkeit und selbst unserer Spannung sparsam umgeht, wird uns nicht bis zur Nummer zweiunddreißig führen; wir wissen jedoch, daß Wei Yang-sheng sich viel hat zuschuldenkommen lassen, »denn er bediente sich auch der Knaben«.

Sobald seine Frau angelernt war, langweilt sich dieser abgestumpfte Schnapphahn bei ihr. Was bleibt ihm anderes übrig, als die große Familienversammlung einzuberufen, daß man sich zur großen Stadt begebe? Von den guten Wünschen seiner Frau und seines Schwiegervaters begleitet, macht sich Wei auf den Weg. In der Herberge würde er sicher einen dieser zahllosen chinesischen Wegelagerer mit großem Herzen treffen, einen von der Sorte, die da unten die Popularität des *Shuai Hu* begründen halfen. Und wirklich begibt sich Sai K'un-Lun, Kumpan irgendeines Sklaven vom K'un-lun-Gebirge, welcher keinen Gefährten hatte, die schönen Adelstöchter des Nachts in den Palästen ihrer Herren Papas hoppzunehmen, in den unentgeltlichen Dienst eines gebildeten Mannes, von dem er fühlt, daß dieser genauso verrückt nach Frauen ist wie andere von Gott trunken sind. Der Kumpan wird ihm ein wenig leckeres Fleisch besorgen.

Von da an erfährt der Leser fünfzehn Kapitel hindurch alles, was man wissen muß, die Kurzweil abzurunden, zu variieren und schöner zu gestalten: zu zweit, zu dritt... bis zu fünft. Das geschieht alles in einem Ton, der mich an die Vorschriften der Tante Marie oder meines alten Vorbereitungsbuchs zum Militärdienst erinnert: »Anzulegen ist ein Laufgraben von 6 m Länge, 1,50 m Tiefe und 1 m oberer Breite. Die Arbeit wird allem Anschein nach eine Aufschüttung ergeben, die durch das ausgegrabene Erdreich zustandekommt, ferner wird Abraum vorhanden sein. Die Aufschüttung ist an jeder Seite des Grabens zu verteilen ...« Wei Yang-sheng fügte dem Reglement einen Anhang hinzu, der sich »Vereinigung der drei Einheiten« nannte (eine parallele Methode und keine Abweichung). Wenn er mit jeder der drei eine Nacht geschlafen hatte, schliefen alle vier zusammen, danach nahmen sie für drei Nächte einen Wechsel vor ...

Die Verwicklung indessen nimmt zu, zuerst durchsichtig, wird sie immer stärker und dann so offensichtlich, daß Wei im Kapitel XIX, ohne es zu wollen, in einem Bordell, wo er seine guten Tage verbringt, seine Ehefrau wiederfindet, die er unwissentlich für einen solchen Beruf vorbereitet hatte. Das erste Opfer des Wei Yang-sheng, der ehrbare K'üan, den weder seine Rechtschaffenheit noch seine Tolpatschigkeit gegen die Hörnung gefeit hatten, rächt sich, indem er die Tochter von Eisenpforte verführt, sie schwängert und dann irgendeiner Hurenwirtin verkauft. Nachdem Wei dadurch schuldig geworden war, daß er in drei Jahren fünf oder sechs Frauen für sich hatte arbeiten lassen, findet er seine eigene Frau Tausenden von Männern preisgegeben. Das ist der Augenblick für sie, ihren Kunden zu erkennen und sich aufzuhängen; da erkennt auch er die Tote wieder und geht fort, um sich hängen zu lassen – sich retten zu lassen im letzten Kapitel, welches das erste wiederaufnimmt: mit kahl rasiertem Schädel beichten Wei Yang-sheng, der ehrbare K'üan und der Bandit von K'un-lun öffentlich zu Füßen des Mönchs.

Zweihundert Seiten erotischer Belehrung: Es ist wichtig vor allem, Madam, das Kopfkissen in folgender Weise unter den Rücken zu legen, ich betone, in dieser Art und nicht etwa in jener Weise, und das, meine Schöne, mindestens aus drei Gründen, erstens, aus diesem, zweitens, notabene, aus jenem, und drittens endlich, weil ich es nicht ohne Nachteil für Sie erlassen kann. Aufs genaueste wird der praktischen Durchführung Rechnung getragen, der Emissionen des *yang* und der Sekretionen des *yin*. Darauf folgen fünfzehn Seiten buddhistischer und vom Mitleiden getragener Erziehung: »Man kann ersehen, daß es niemanden in der Welt gibt, der nicht Buddha werden könnte.«

Der Roman ist weit davon entfernt, ein Meisterwerk zu sein. Die anderen freizügigen Romane der Chinesen, das *Chin P'ing-Mei* z. B. (und seine Fortsetzung, das *Ku-lien hua-ying* – »Blumenschatten durch eine Jalousie«, welches französisch unter dem banal klingenden Titel *Femmes derriére un Voile* – »Frauen hinter einem Schleier« erscheinen soll). zeigen dem Leser ein kräftig gezeichnetes Bild der chinesischen Gesellschaft, dergestalt auch, daß die lustige Tollerei der Mandarinenenten darin den Platz einnimmt, der ihr im sorgenden Interesse der Menschen zukommt, aber doch nicht allen Platz. So schließen sich Spekulationen und Palastintrigen, Untreue im Amte und Tugendhaftigkeit, Scharlatanerie, Folter und Wohlanständigkeit,

Seite 124–146
Stiche. Anonym. 18.–19. Jh. (?).

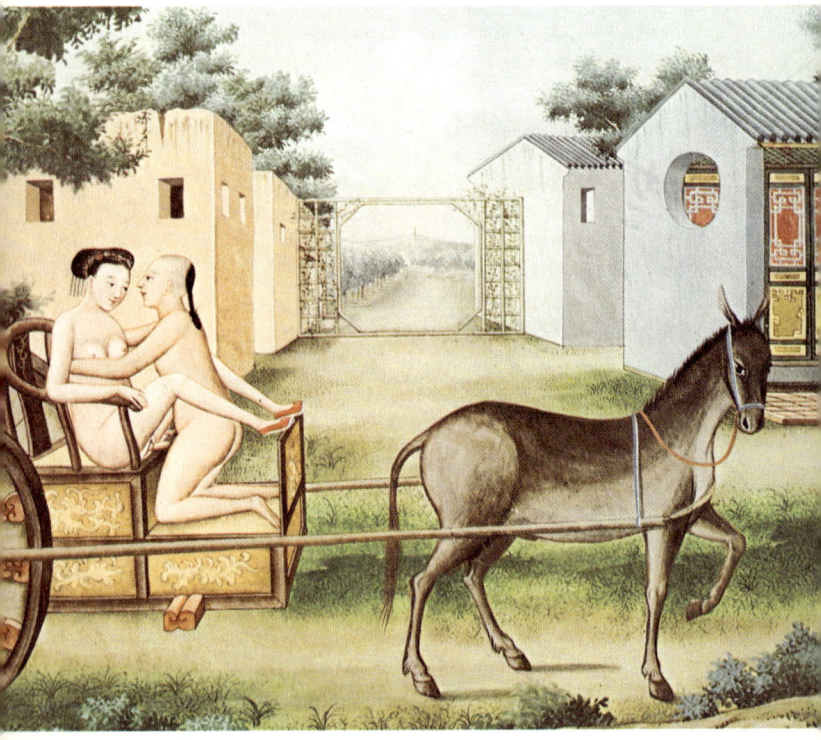

Verleumdungen und Treue zu einer unterschiedlichen Vielfalt zusammen, die anziehend, von gemäßigter Art und doch vollständig ist, zu der das Frauengemach, die Kurtisanen, die Eunuchen und ihre Palastintrigen nur als Würzstoff, als verfeinernde Zugabe hinzutreten. Nichts dergleichen findet sich im *Jou p'u-tuan*. Fast alles passiert dort im Bett, in geschlossenen Zimmern, geschlossen insofern, als sich darin ein Bordelleben abspielt, geschlossen auch in der Hinsicht, daß man sich dort, befreit von finanziellen Sorgen, gern mit weltlichen Dingen beschäftigt: wir befinden uns gewissermaßen im Lustschloß des *Francion* oder des De Sade. Kuan-yin weiß, daß man im *Chin-P'ing-Mei* hurt, jedoch will der reiche Ehemann von sechs Frauen sich gleichwohl durch Schacher bereichern, dann Mandarin werden, um ungestraft mit seinem Einfluß wuchern zu können.

Diese Art von Aktivitäten entsprach offensichtlich den Paragraphen des Strafgesetzbuches, das dem Wortlaut nach die Schwachen gegen den Mißbrauch der Macht schützte. Immerhin maß das Gesetzbuch der Yüan jedem Mandarin, der seine Stellung mißbrauchte, indem er die erste Frau eines seiner Untergebenen verheiratete, siebenundsiebzig Stockschläge zu und setzte ihn ab. Trieb er den Scherz so weit, die Ehefrau eines Beamten aus seinem Ressort zu verführen, wurde der Mandarin mit siebenundsechzig Stockschlägen bestraft und sah sich in seinen Aufstiegsmöglichkeiten um zwei Ränge zurückgestuft. Hatte er die Verführung ergebnislos versucht, so zog er sich dennoch nicht unter siebenundfünfzig Stockschlägen und einer Amtsentsetzung aus der Affäre. Ließ er sich gar zur Notzucht hinreißen, hatte er sein Leben verwirkt und bekam außerdem noch einhundertundsieben Stockschläge zudiktiert. So weit ging zumindest das Gesetz; die Praxis war weit davon entfernt. Sexuelle Vergehen aus Amtsmißbrauch waren in China nicht seltener als etwa bei uns. Das *Chin P'ing-Mei* beweist es uns, und eine ganze Literatur tritt dafür zum Zeugen an: Die Beamten nutzten ihre Lage aus und verletzten die guten Sitten. Diejenigen, die sich auf den Konfuzianismus beriefen, waren allzu gern dafür, daß das Gesetz unbeugsam Anwendung fände, außer gegen die Privilegierten, zu denen sie sich rechnen konnten. Etienne Balázs schreibt in seiner Übersetzung des juristischen Traktats des *Sui-shu:* »Mildernde Umstände ergeben sich aus der besonderen Stellung des Angeklagten und bedeuten praktisch Straflosigkeit für ihn. Hohe und mittlere Beamte erfreuen sich außerdem einer automatischen Herabsetzung des nach dem Strafgesetzbuch festgelegten Strafmaßes, und alle Beamten haben die Möglichkeit sich loszukaufen.« Dies ist auch der Grund, warum die »realistische« Literatur so oft sich in der Schilderung von solchen Mandarinen ergeht, die trotz ihrer Pflicht, die Familienbräuche rein zu halten, sich hauptsächlich damit beschäftigen, sie mit Füßen zu treten.

Wenn man die chinesischen Sittenschilderungen liest, versteht man auch, daß zwischen der Theorie, die das junge, ganz natürliche Mädchen den Gelben Kaiser lehrte, und den sexuellen Praktiken der Chinesen genausoviel Unterschied wie zwischen dem Gebot des Christentums (die fleischliche Begierde wird nur in der Ehe ihre Erfüllung finden) und dem Leben unserer Mitmenschen besteht: Man denke an Casanova, der ein braver Katholik und ein außerordentlicher Freigeist gewesen ist.

Ein Beispiel, wie die Moral den Chinesen verpflichtet, alle seine Gattinnen und Konkubinen gerecht zu behandeln, lieferte dieser armselige Hsi-men, der zu Tode kam, nachdem er unvorsichtigerweise seine Dosis Aphrodisiaka überschritten und lange Zeit nicht mehr regelmäßige Besuche bei jeder der fünf überlebenden Frauen abgestattet hatte. Die sechste hatte ihn nur an sich fesseln können. Von der Idee verfolgt, daß er bald ohne Aphrodisiaka versagen würde, stürzte er sich mit der Wut eines Verzweifelten ins Vergnügen; er vernachlässigte seinen Harem, schlief bald hier, bald da und fand sich eines Nachts bei Goldlotus in einem Zustand der Schwäche, welcher das Lustweibchen verdroß: heimlich tat sie ihm drei Pillen auf einmal in etwas warmen Wein; zuerst wurde sie darob belohnt »und fühlte die Wolken doppelt bersten«, bald aber wurde der Regen zum Platzregen, zum blutvermischten Schauer, woran der Wüstling starb.

Wenn man sich dessen erinnert, daß nach dem Verzeichnis der sexuellen Verdienste und Verschulden gemäß dem strengen Konfuzianismus die Lektüre eines Liebesgedichts in Gegenwart einer Gattin fünf schlechte Punkte einbrachte und zwanzig, wenn dies mit Absicht geschah, daß allein die Tatsache, die Hän-

129

de einer Gattin zu berühren, indem man ihr irgend etwas darreichte, einen schlechten Punkt kostete, aber zehn Minuspunkte, wenn die Berührung durch lüsterne Absicht ausgelöst war (der einzige Fall, wo man dies ohne Gefahr wagen konnte, galt, wenn man sie aus einer Gefahr rettete), so muß man sich beim Lesen des *Chin P'ing-Mei* sagen, daß die Sitten des Durchschnitts ebenso weit von den konfuzianischen Normen wie von taoistischen oder buddhistischen Wertvorstellungen entfernt waren.

Wenn man weiß, daß die schlimmsten Vergehen, diejenigen, welche fünfzig Minuspunkte galten, die folgenden waren: eine übermäßige Zahl Gattinnen und Konkubinen zu halten, sich mit Freunden zum Spiel zusammenzutun oder Prostituierte häufig zu besuchen, und daß es sich in den guten chinesischen Romanen fast nur um genau diese Verschulden handelt, ermißt man die Distanz, die auch dort unten die Theorie von der sexuellen Praxis trennt. Die Praxis ist anders: der hohe Rang der *Jadeflöte* und für die Frau die Kunst, auf ihr zu spielen (hingegen geschieht keine Erwähnung des cunnilingus, obgleich er bei den Adepten des *tao* bekannt war). *Intromissio per anum* wird in Gemeinschaft mit Masturbation angewendet; man nennt das »Sitten der Akademiker«: *han-lin fung*. In Übereinstimmung mit einer alten Tradition, die durch die ganze chinesische Geschichte bezeugt und von einem Araber im 9.Jahrhundert im *Ahbar as-Sin wa'l Hind* notiert wurde (»Die Chinesen geben sich der Sodomie hin in Gemeinschaft mit jungen Sklaven, die zu diesem Zweck angestellt wurden«), neigt auch Hsi-men zur Päderastie. Die Frauen widmen sich dem Sappho-Kult (es gab selbst in China Vereinigungen von fanatischen homosexuellen Frauen, welche den Schwur ablegten, diejenige zu töten, die sie verriete, da der Ehemann dann Kenntnis davon bekäme). Kurzum, in China waren wie anderswo fast alle Formen sexueller Äußerung weitverbreitet; Eifersucht herrschte im Harem, und die Dienerinnen schliefen mit dem Herrn. Die Romane geben uns auch über die Rolle der Bordelle im Sexualleben des Chinesen Auskunft. Wie auch in Europa gab es in China verschiedene Klassen: die »Dachkammern« *(wa-tseh ku-lan)* entsprachen ungefähr den Häusern in unseren Breiten, wo die Männer gewissermaßen an der Tür Schlange stehen und für einen mäßigen Preis ihren Samen in einem Körper abladen, der sogleich den nächsten Kunden aufnimmt. Es waren vom Staat verwaltete Häuser. Man verachtete gleicherweise die Nutten, die sich dort verkauften, wie diejenigen, welche sie besuchten.

Von höherem Niveau waren die »Schankwirtschaften« *(tsiuliu);* sie wurden sowohl vom Staat als auch von Privatpersonen verwaltet. Die Beamten allein hatten Zugang zum ersten Typ, die anderen Kunden hielten sich an Häuser, die von Kupplerinnen auf eigene Rechnung betrieben wurden. Die Kost war dort reichlich und gut: im Obergeschoß gab es kleine Zimmer, in denen die Mädchen sich wiederauffrischten. Die Pferde und Wagen der Kunden warteten in großer Zahl geduldig unter der roten Seidenlaterne an der Pforte.

An der Spitze der Rangordnung standen die *ch'a fang* oder »Teesalons«. Dorthin gingen die Mächtigen, die Künstler und Schauspieler, die reichen Kaufleute wie Hsi-men, um sich von ihrem Hausleben zu erholen. Dennoch konnte man sich auch dort ruinieren: eine Jungfrau kostete ein Vermögen. Im Winter gut geheizt, im Sommer durch Eisblöcke gekühlt, die in einem flachen Becken verdunsteten, reich mit Möbeln und Kunstgegenständen ausgestattet, boten diese Häuser, von denen uns Chiu Mi (ein Kenner, der Ende des 13. Jahrhunderts lebte) mehr als eine präzise Beschreibung hinterlassen hat, den Kunden kultivierte Frauen, die imstande waren zu singen, zu tanzen, auf das angenehmste und gebildetste Konversation zu treiben, die sich aber auch das Vorrecht zu verschaffen wußten, ihren Partner selbst auszusuchen, und, wenn er Qualität besaß, ihn sich reservieren konnten. Um sich eine Vorstellung davon zu machen, was unter den T'ang und später noch unter den Sung die Teesalons in China waren, muß man sich die japanischen Geisha-Häuser vergegenwärtigen und nicht unsere »Massageinstitute«. So schön auch bei uns die Frauen in den schicken Bordells sein mögen, diese Musikerinnen, diese Tänzerinnen, diese Dichterinnen, die man oft genug mit Gold kaufte, um sie zu ehelichen (wie heute noch in Japan die Geisha), waren ganz anders.

Der erste Bericht eines Europäers über die Kurtisanen Chinas findet sich bei Marco Polo.

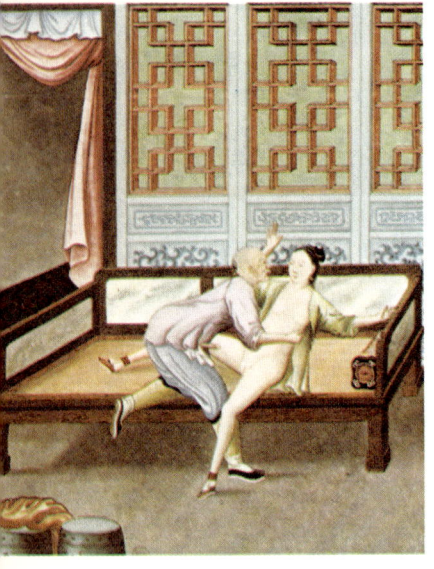

In folgenden Bemerkungen schildert er diejenigen aus Cambaluc (Chan Balyq, die Mongolenhauptstadt an der Stelle des späteren Peking): »Sie wohnen alle in den Vorstädten. Und wisset, daß dort eine solche Menge ist, daß es niemand glauben möchte, und ich sage Euch, daß ihrer wohl zwanzigtausend sind, welche alle den Männern für Geld dienstbar sind, und alle bestreiten davon ihren Lebensunterhalt. Und ich sage Euch, daß sie immer zur Hand sind wegen der vielen Fremden und Kaufleute, die dort jeden Tag kommen und gehen. Sie haben einen Oberaufseher, und es gibt für jedes Hundert und jedes Tausend einen Leiter, der jeweils dem Aufseher verantwortlich ist. Und der Grund, warum diese Frauen einen Aufseher haben, ist folgender: jedesmal wenn Gesandte den Groß-Chan geschäftehalber besuchen und auf dessen Kosten Quartier nehmen — was man auf die zufriedenstellendste Weise für sie besorgt —, ist der Aufseher gehalten, dem erwähnten Gesandten und jedem einzelnen aus seinem Gefolge für jede Nacht eine Dirne zu besorgen, was unentgeltlich geschieht, denn von dieser Art ist die Steuer, die man dem Groß-Chan entrichtet.« In Quinsai, d. h., Hang-chou, ist die Verwunderung des Venetianers nicht geringer:»In anderen Straßen sind die Kurtisanen untergebracht, die es in solcher Menge gibt, daß ich es nicht zu sagen wage; und das nicht nur in der Nähe der Orte und Aufenthalte, welche ihnen gewöhnlich zugewiesen sind, sondern auch in der ganzen Stadt« (im Gegensatz zu Cambaluc). »Sie halten sich sehr aufwendig, mit vielen Duftwässern und zahlreichen Dienerinnen, und ihre Häuser sind alle geschmückt. Diese Frauen sind sehr geschickt und erfahren in der Kunst zu schmeicheln und gefällige Worte zu setzen, die jedem besonderen Personenkreis gerecht werden: die Fremden, die sich einmal mit ihnen belustigt haben, sind wie verzückt von ihnen und von ihrer Süße und ihrem Liebreiz so gefangengenommen, daß sie sie niemals vergessen können. Daher kommt es, daß diese Leute, wenn man einmal bei ihnen zu Gast weilt, sogleich berichten, daß sie in Quinsai, d. h., der Stadt des Himmels, gewesen sind und nur die Stunde ersehnen, da sie dorthin zurückkehren können.«

Eine treffende Huldigung gegenüber der Qualität hoher Prostitution! Marco Polo erzählt auch, wie man auf dem West-See blumengeschmückte Barken mietete, um sich mit Frauen oder Freunden zu amüsieren: »Dort hat man die besten Weine, dorthin gelangen die vorzüglichsten Konfitüren. Die Menschen fahren mit den Booten auf dem See und belustigen sich allesamt, denn ihr Gemüt und Sinn bekümmern sich um nicht anderes als um das Vergnügen an ihren Körpern und um in Gesellschaft zu feiern. Die Stadtbewohner denken an nichts anderes als einen Teil des Tages mit ihren Damen oder mit Kurtisanen zu verbringen, nachdem sie ihre Arbeit oder ihre Geschäfte beendet haben, und es herrscht ein fröhliches Treiben in den Barken oder in den Wägelchen überall in der Umgebung der Stadt.«

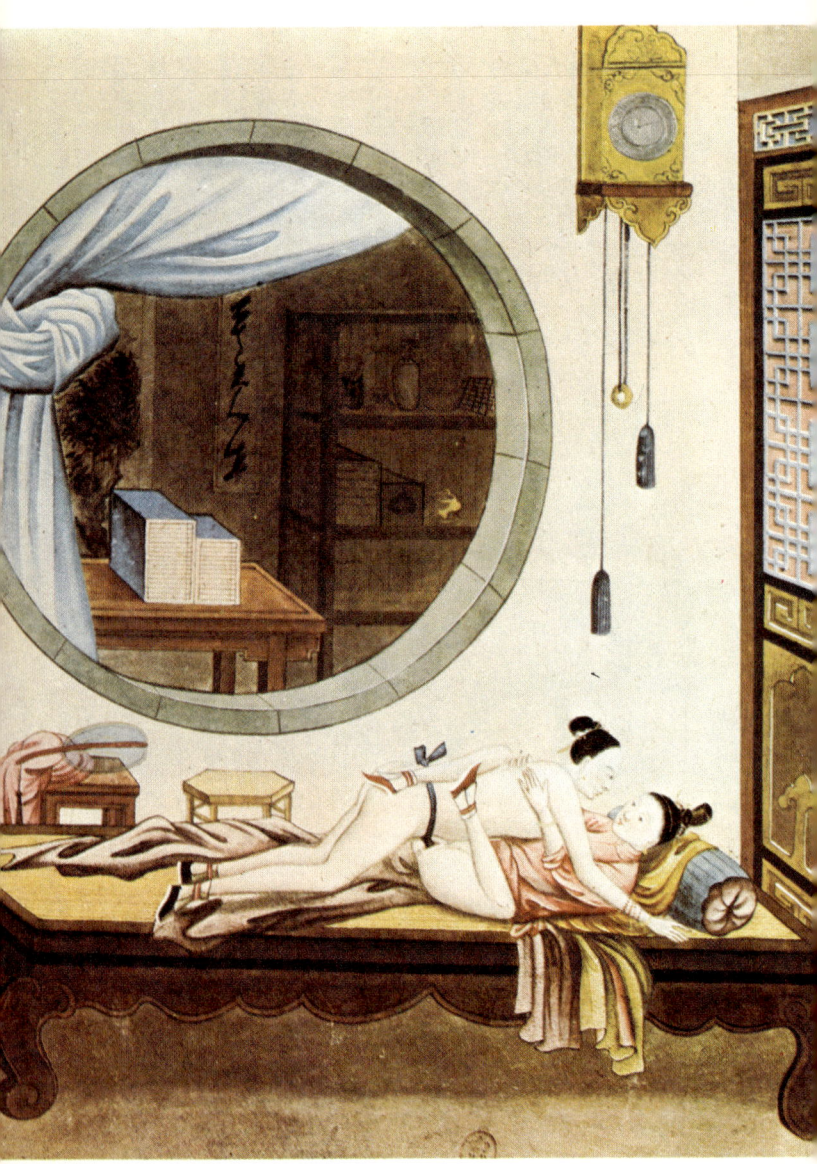

Über die schwimmenden Bordells, welche so charakteristisch für Südchina sind, besitzen wir ein späteres, ebenso gescheites Zeugnis in Schlegels *Geschichte der Prostitution in China* (1880); dasselbe bestätigt auch Maurice Jametel durch seine Beschreibung der Blumenboote aus Kanton um 1880: *Unbekanntes China (La Chine inconnue,* 1884). Das waren prächtige Häuser, welche besonders Gelehrte, Dichter, Musiker besuchten und was nicht ohne glücklichen Einfluß auf die Gestaltung der Lieder und der Musik blieb.

(Es scheint, daß die Südchinesen ihrer erotischen Tradition treuer geblieben sind als ihre Landsleute aus dem Norden, und zwar bis zum heutigen Tage. Ein chinesischer Kommunist schrieb mir versichernd, er wisse mir als Südländer Dank, daß ich nicht mit dem augenblicklichen Puritanismus im Einklang wäre, von dem er hoffe, daß er vorübergehend wäre, und daß ich der alten Liebeskunst nach dem jungen, ganz natürlichen Mädchen Gerechtigkeit widerfahren ließe.)

Tatsächlich blieb die Tradition der Kurtisanen bis zum Jahr 1949, dem Erscheinen des Präsidenten Mao, erhalten, genauso, wie wir sie seit der T'ang-Dynastie kennen. Das *Pei-li chih* des Sun Ch'i, d. h., »Die Anekdoten aus dem Nordquartier«, von dem bis jetzt lediglich eine englische Version von Howard S. Levy existierte, die für einen größeren Leserkreis zugedacht war *(The Gay Quarters of Ch'ang-an),* ist uns nun in einer gelehrten französischen Edition zugänglich gemacht worden, welche Des Rotours besorgt hat: *Chinesische Kurtisanen am Ende der T'ang-Zeit (Courtisanes chinoises à la fin du T'ang,* Paris 1968, in der Serie »Bibliotheque de l'Institut des Hautes Etudes Chinoises«). Diese Sammlung von aus dem Leben aufgezeichneten Geschichten bestätigt uns sowohl das Talent dieser Kurtisanen (die nicht alle Priesterinnen oder taoistische Nonnen waren!), als sie uns auch die soziale Rolle, die ihnen in der chinesischen Gesellschaft zugefallen war, deutlich macht. In Ch'ang-an suchten damals Gelehrte, die zum Staatsexamen zugelassen waren, Beamte und Minister in diesen Häusern jene Ruhe, welche mit Liedern, Musik, Gedichten und Konversation versüßt war.

Das heißt nicht, daß die Prostituierten in Shang-hai um 1920 bis 1940 zu jener Klasse von intellektuellen Kurtisanen gehörten, deren Abenteuer uns das *Pei-li Chih* berichtet; aber, gleichsam um ihre Abstammung hervorzuheben, waren ein Tuschkästchen, einige Pinsel lässig über einen Tisch gebreitet, um dem Besucher, dem Kunden einzureden, daß das Mädchen Bildung besäße.

Ursprünglich von einem Gefühl abgeleitet, das man durchaus religiös nennen muß, wurde die chinesische Erotik verweltlicht und in der Literatur sogar profaniert. In der Ming-Zeit und unter der Mandschu-Dynastie ist der Kreis geschlossen. Mit vollem Recht also schließt der beste Kenner der sexuellen Sitten Chinas, der Autor der *Erotic colour prints of the Ming period* und des *Sexual Life in ancient China,* Van Gulik, der jetzt Botschafter der

141

Niederlande in Japan ist, seine Untersuchung mit dem Ende der Ming-Zeit im Jahre 1644. In dieser Epoche ist der Einfluß von Europa schon stark zu spüren: Am Pekinger Hof, wo sie Schritt für Schritt gegen die anderen katholischen Orden und gegen protestantische und orthodoxe Abgesandte kämpften, waren die Jesuiten als Mathematiker, Physiker, Uhmacher tätig, mit der Absicht, die religiösen und sexuellen Wertvorstellungen Europas einzuführen. Die Ohrenbeichte widersprach den chinesischen Sitten, und die Fortschritte der Christianisierung waren sehr spärlich; schließlich aber konvertierten einige Prinzen und mehrere hohe Beamte (mehr als einer wird durch die Geometrie des Euklid dazu verführt worden sein; man hatte sie, mit dem Zeichen Christi versehen, ins Chinesische übersetzt, wonach man den Eindruck erweckte, daß er das Evangelium angenommen hatte). Bei dieser Veränderung der Sitten hätte man gern genau gewußt, wie groß der Anteil der Missionen, wie stark die Verantwortlichkeit des Konfuzianismus waren und welche Rolle dabei die Lustseuche gespielt hat. Seit dem Augenblick, da die Liebesbezeugungen sich häufig mit einer Krankheit auszahlten, die man dort unten die Kanton'sche Krankheit nannte oder »Blüten des Pflaumenbaumes«, begriff man, daß das Sinnesleben, welches bis dahin voller Unschuld geblieben war, etwas Beunruhigendes und Verdächtiges erhalten hatte.

Wollen wir dennoch weder die Rolle der Syphilis noch die der christlichen Missionen überbewerten, denn seit langem schon hatte die Prüderie der Konfuzianer die Bilder zerstören lassen, welche die taoistischen Lehrbücher illustrierten; mit solchem Erfolg, daß, wenn noch einige alte Lehrbücher der Erotik existieren und es eine ganz freizügige Literatur gibt, man vergeblich alte erotische Illustrationen suchen würde.

Ursprünglich fanden sich die Bilder in solcherart Texten, die, wie wir es nennen würden, zur Sexualerziehung der Chinesen dienten. Während der T'ang-Dynastie schienen die Originale verloren zu sein. Von da an wurde die erotische Illustration vor allem zu ebensolcher Zerstreuung wie Belehrung verwendet, und man trug gesonderte Alben zusammen. Für die Zeit vor der Ming-Epoche wissen wir nahezu nichts, außer daß es einige wenige, sehr unbeholfen skizzierte, in coitu begriffene, Paare gibt.

Zu Anfang der Ming-Zeit beschränkte man sich darauf, ganz verfremdete Szenen darzustellen, deren Sinn einem Europäer unverständlich bleiben müßte, wüßte er nicht, daß die Verben »schreiben« und »ausschmücken« im Chinesischen den übertragenen Sinn »die Liebe vollziehen« haben (sowohl vom Mann als von der Frau gesagt), und so drücken auch die Wendungen »ein Mann ist beschäftigt, Tusche auszureiben«, »eine Frau ist in gewisser Weise mit der Dekoration befaßt« schon mit großer Deutlichkeit als nur anspielend ihre Begierden aus. Unter dem Einfluß der realistischen oder freizügigen Romane, von denen ich sprach, haben gewisse Kreise in Nanking die Renaissance der erotischen Zeichnungen und Malereien begründet. Von 1570 bis 1580 arbeitete man mit vier Farben: überwiegend schwarz und blau, mit zusätzlichen grünen und roten Tönen; zwischen 1606 und 1624 erschienen die schönsten Alben in fünf Farben: schwarz, blau, rot, grün und gelb. Kurz danach kehrte man zur Gestaltung eines einfarbigen Hintergrundes zurück, entweder blau oder schwarz. Es handelte sich um eine schnell vergehende Kunst, die in ihrer Vollendung weniger als zwanzig Jahre bestand, um dann bald zu degenerieren.

Während japanische Plattendrucke mit erotischen Sujets reichlich vorhanden und diese in Europa leidlich bekannt sind, ist es die erotische Kunst der Chinesen in viel geringerem Maße. Selbst die Illustrationen zum *Jou p'u-tuan* oder zum *Chin P'ing-Mei* sind schwierig zu beurteilen. 24 Illustrationen zum *Gebetsteppich der sinnlichen Lüste* gab es; nach Dr. Wu-Shan Sheng, dem Autor einer *Erotik Chinas,* existierte von diesem Album nur ein einziger Satz Photos, der aus dem 19. Jahrhundert stammte, den er übrigens wieder abdruckt, leider aber in von der christlichen Zensur retouschierten Kopien. Zwischen 1939 und 1945 ging das Original einer Serie von Illustrationen verloren, die für das *Chin P'ing-Mei* bestimmt waren, und die man im Jahre 1930 in einem alten Palast der Mandschu-Kaiser aufgefunden hatte. Reproduktionen davon kann man anhand von 200 Holzschnitten betrachten, die ein Zufallsbesitz der Nationalbibliothek in Paris sind; diese Arbeiten waren für eine Ausgabe des 17. Jahrhunderts gedacht. Was die Reproduktionen von exklusiven Sammlungen erotischer Drucke angeht, so sind diese äußerst

145

rar: Außer den wenigen Exemplaren der *Erotic Colour Prints of the Ming Period* gibt es nach meiner Kenntnis wohl nur den Band, der in Paris auf Seide und farbig vom »Cercle du Livre Précieux« publiziert wurde.

Auf den Bildern dieser Art, die uns überkommen sind, behalten alle weiblichen Personen, sogar wenn sie nackt sind, ihre Schuhe an, wenn sie sich der Liebe hingeben, während die Männer barfüßig mit den Mandarinenenten spielen.

Nach einer Notiz von Jacques Gernet in seinem *Alltagsleben in China unmittelbar vor dem Mongoleneinfall (Vie quotidienne en Chine à la veille de l'invasion mongole)* »kam die Sitte, die Füße zu schnüren, während der Fünf Dynastien auf (10. Jh.) und war vor den Epochen der Hsi-ning und Yüan-fu (1068-1085) wenig verbreitet. In kurzer Zeit aber ist diese Mode so allgemein geworden, daß es als schändlich galt, wenn man sich ihr nicht fügte«. Dieses Zitat stammt aus dem 14. Jahrhundert. Was auch immer der historische Ursprung eines Brauchs, der uns mysteriös erscheint, sein mag, er herrscht unangefochten in der Ming- und der Ts'ing-Periode, in der Zeit der erotischen Plattendrukke. Tatsächlich erweist sich der Schnürfuß als streng tabu. Wenn man den Fuß einer Frau berührt, ohne heftig zurechtgewiesen zu werden, bedeutet das, daß man alles hoffen kann. Das Interdikt hatte wohl auch die normalen Füße betroffen, mit Ausnahme derjenigen der Dienerinnen und einiger Göttinnen, wie der Kuan-yin z. B. Einige Autoren glauben, daß es sich um einen Brauch handelt, der von den Konfuzianern angepriesen wurde, um die Ehefrauen im Harem zurückzuhalten, andere haben vermutet, daß der unbequeme, gekünstelte, von den »Goldlotussen« vorgeschriebene oder in Koketterie angenommene Gang die Entwicklung der Vaginalreflexe begünstigte. Die moderne Medizin (besonders Huard und Wong) meint, daß die Beckenveränderung, die zugunsten dieser Hypothese sprechen soll, fast kaum erweisbar sei. So hart und qualvoll auch die Praxis des Schnürfußes war, die Mandschufrauen wurden verärgert und revoltierten beinahe, als man ihnen nach 1644 jene Mode nachzuahmen untersagte, die den Frauen des unterworfenen Volkes so teuer war. Diese Mandschus hatten recht. In diesem einem Falle stimmten sie bereits vor dreihundert Jahren mit den Kommunisten überein, die sich beeilten, diese Marter abzuschaffen. Wenn man bedenkt, da es sich um einen Klumpfuß handelt, der unter großen Schmerzen erworben wurde und am Ende von profillosen Waden wie zwei schmerzende Stümpfe voller Geschwüre und Eiter anzusehen ist, wie sollten da nicht selbst diejenigen, welche bedauern, daß unsere Sitten und vielleicht auch die Ernährung die Füße der Frauen flach und lang machen (die Schuhgröße 36 ist in Frankreich wenig verbreitet), die Mandschus und die chinesische kommunistische Partei loben? Im Gegensatz zu dem, was man in Europa im letzten Jahrhundert glaubte, hat der Klumpfuß der Chinesin, spät in Gebrauch genommen, nichts mit dem zu tun, was das Wesen der chinesischen Erotik war und bleibt: der Theorie *yin* und *yang,* dem coitus reservatus, der Achtsamkeit gegenüber dem Lustempfinden des Partners, der Unbefangenheit vor der Sinnlichkeit.

Seite 148–153
Ch'un-hsiao t'iu-liu t'u,
›Bilder der
Enthüllungen aus einer
Frühlingsnacht‹.
Gemälde von Cheh K'oh.
Mitte des 10. Jh.

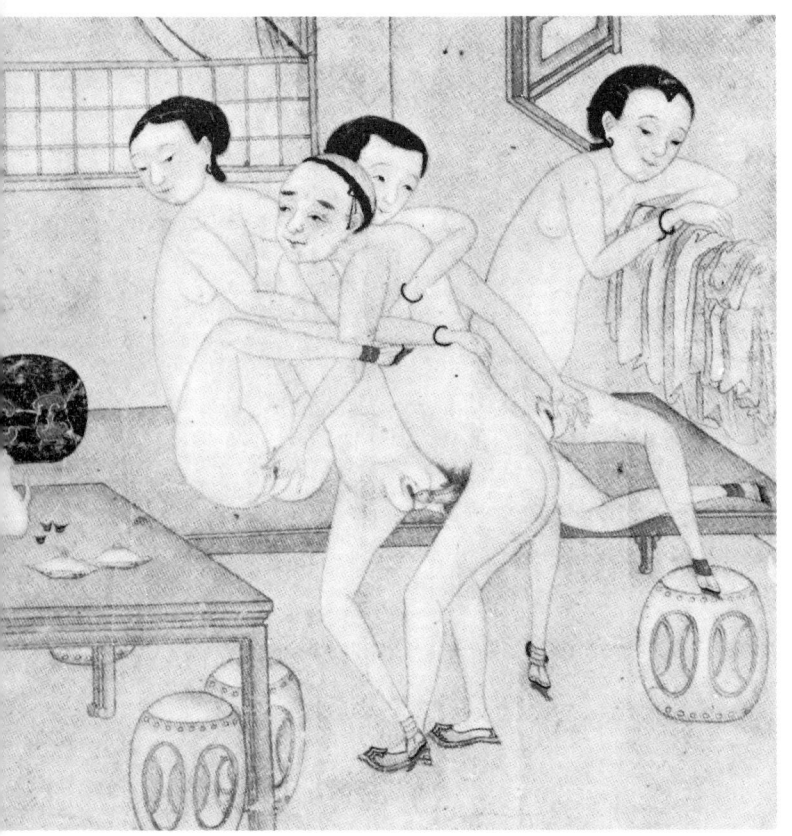

158

159

Seite 160–169
Rollbild auf Papier.
Anonym. 18. Jh. (?).
(Foto: G. Bertin)

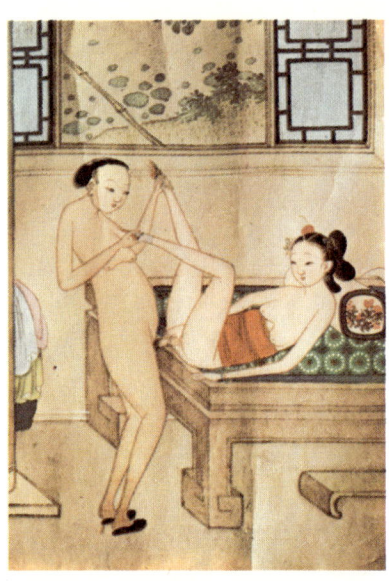

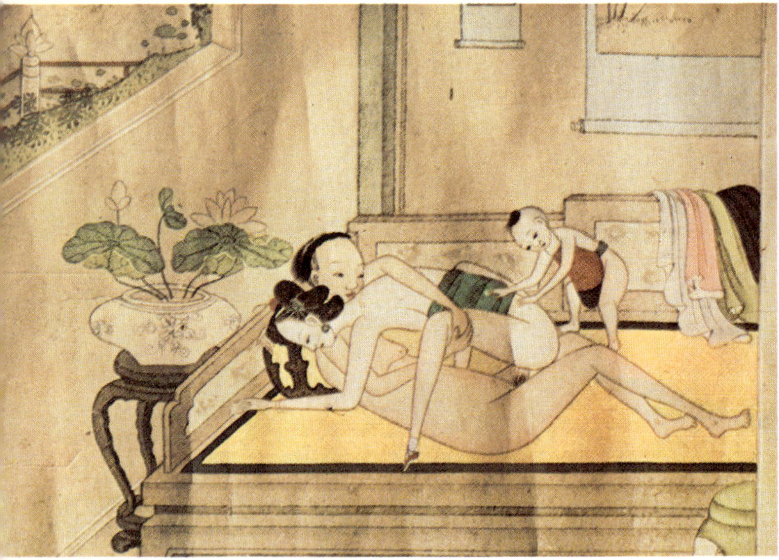

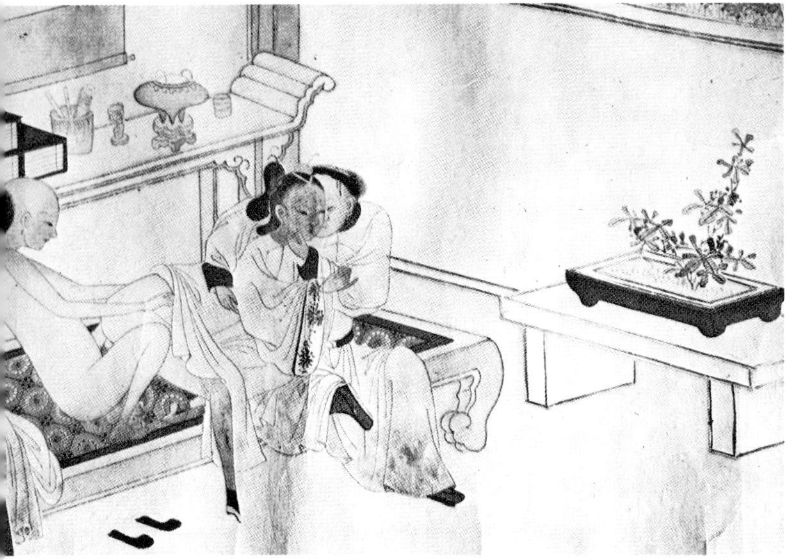

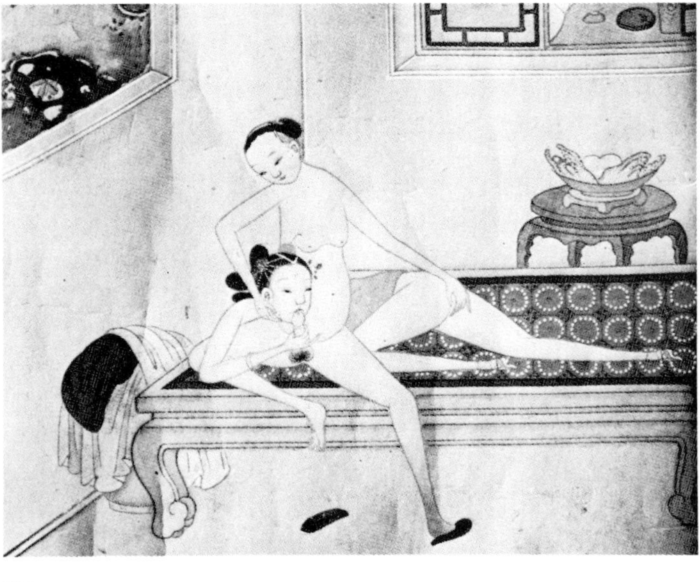

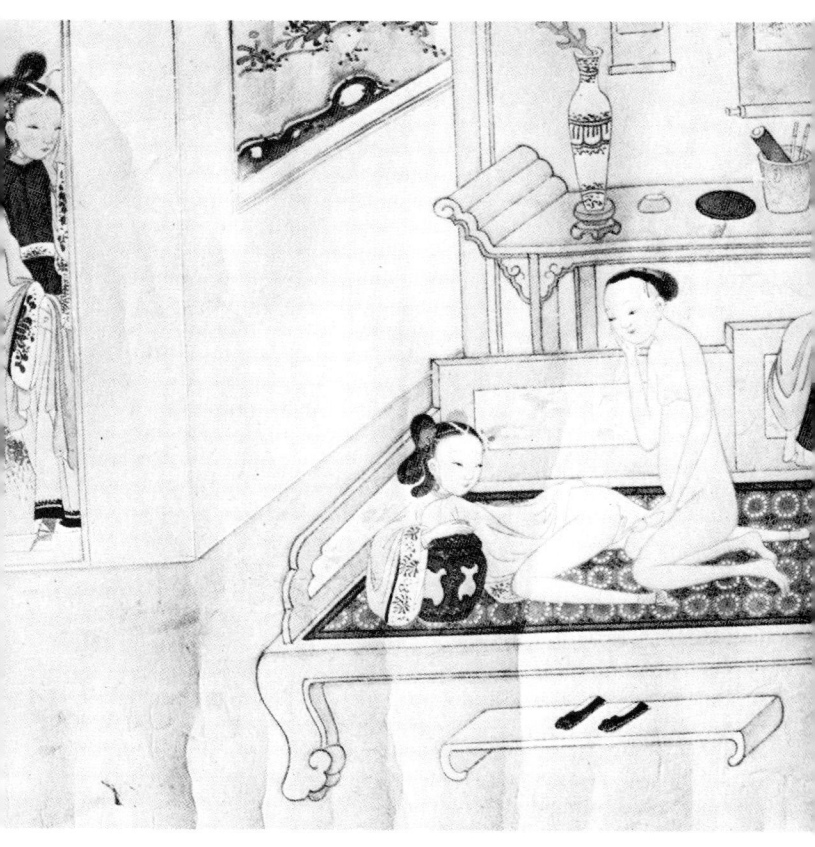

Seite 170/171
Elfenbein-Statuetten. Ming- und Kien-Lung-Epoche.
18. Jh. Die Figur auf S. 145 wurde benutzt, um die
Entbindung zu symbolisieren: wenn man einen Druck
auf den Kopf der Statuette ausübt, tritt das Kind,
dessen Kopf man sehen kann, durch einen Spannfeder-
Mechanismus heraus.
(Foto: G. Bertin)

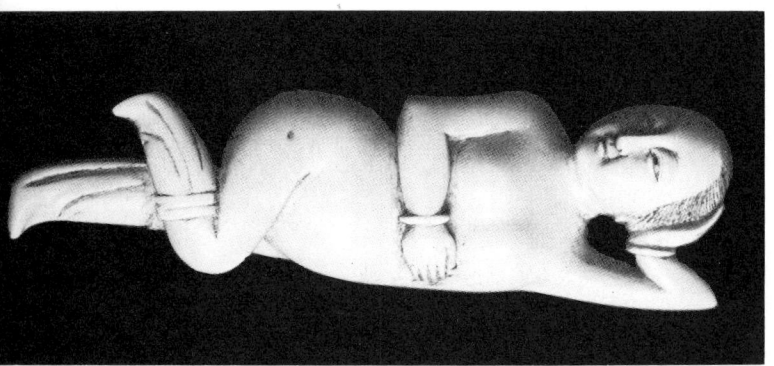

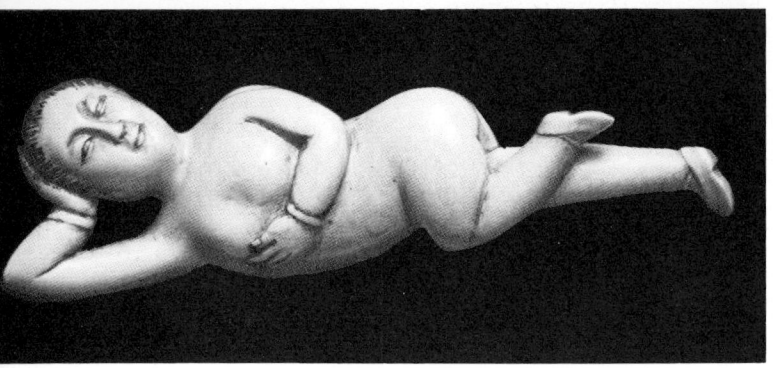

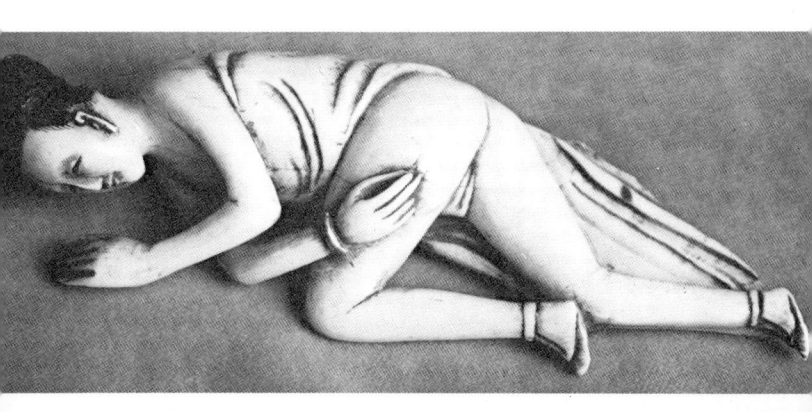

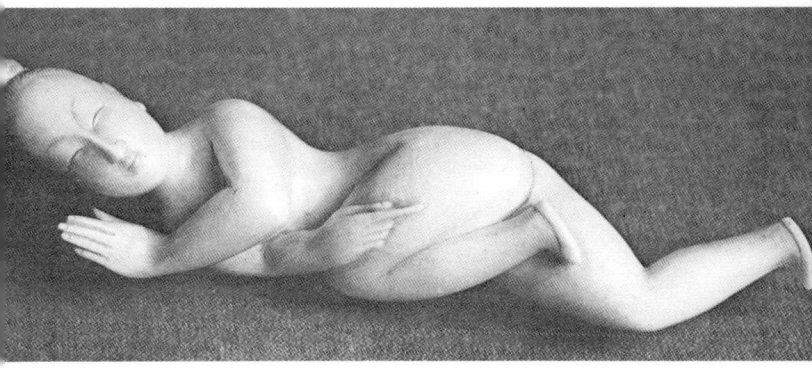

Seite 172/173
Malereien auf Pergament oder fötaler Eihaut,
die aus Gründen der Transparenz angefertigt zu
sein scheinen und beispielsweise als Lampenschirm
verwendet werden konnten. Ming-Epoche.
(Foto: G. Bertin)

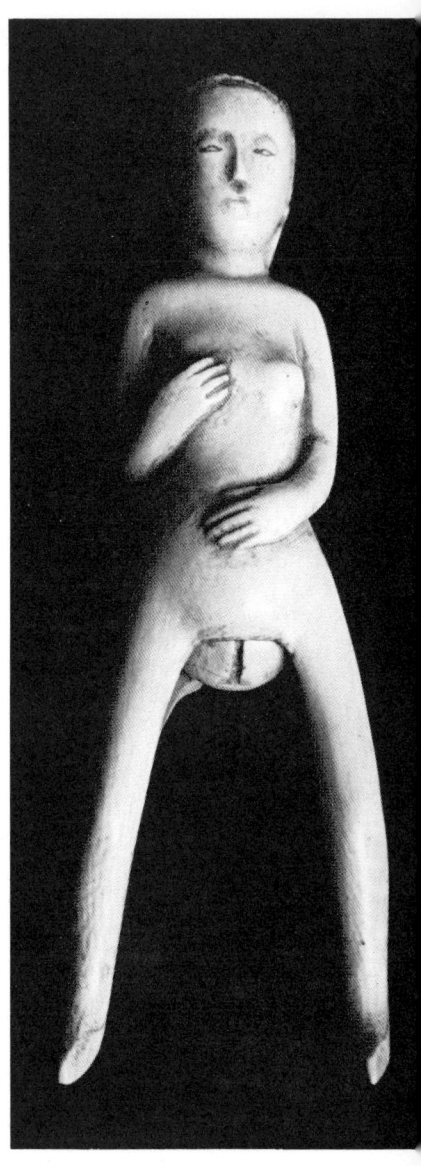

Bild auf Elfenbein. 17.–18. Jh. (?)
(Foto: Wango Weng)

177

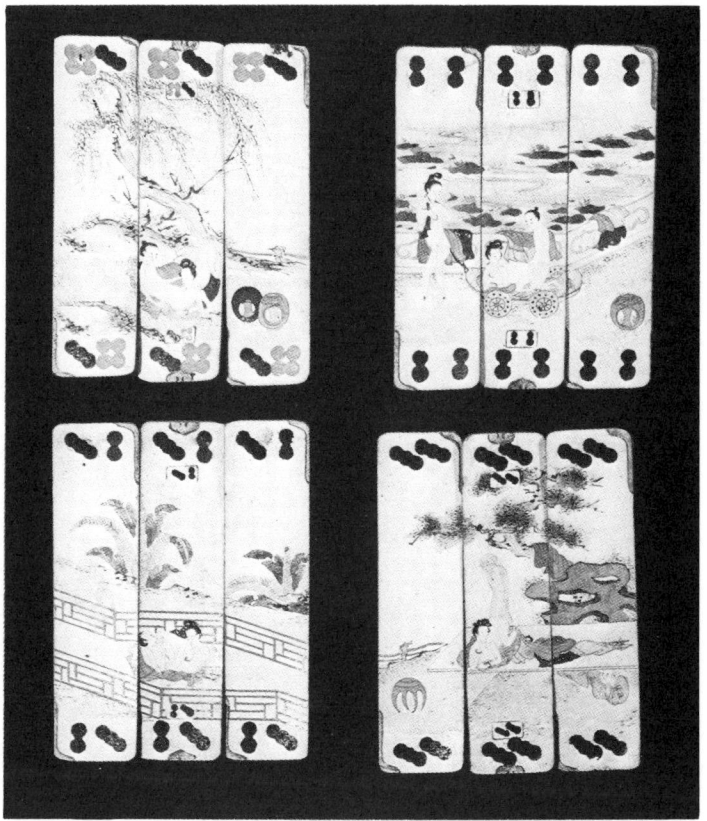

VI

Von der Erotik
zum Liebesempfinden

Ich stimme darin überein, daß das Empfindungsvermögen für die Liebe in gewissem Maße je nach der Religion, der sozialen Klasse und dem Charakter des einzelnen verschieden ist. Ein Chinese aus der Chou-Epoche oder ein Harem aus jener Zeit verhielten sich demgegenüber sicher nicht so wie ein Chinese des 20. Jahrhunderts, der monogam und Kommunist ist. Es sind zweiundeinhalb Jahrtausende her, daß die Grundherren das Sororat praktizierten, daß die Familie, in die ein Mann von Rang hineinheiratete, ihm sogleich die Zahl von Ehefrauen beschaffen mußte, die durch seinen Adelsrang bestimmt war, und sie mußten denselben Namen tragen; später konnte der Adlige mehrere Frauen aus den diversen Verwandschaftszweigen einer selben Familie nehmen. Einige Autoren wollen glauben, daß man dadurch die Haremsstreitereien und die immer schmerzlichen, oft gräßlichen, Wirkungen der Eifersucht vermied. »Unter den durch eine Ehe geheirateten Frauen«, schreibt Marcel Granet, »gibt es eine Rangordnung, die bereits vor der Hochzeit festgelegt wurde, und welche die Ehe bekräftigt; dadurch werden Verhaltensregeln wirksam, die gegen den übertriebenen Einfluß gerichtet sind, welche irgendeine von ihnen durch ihre Schönheit erlangen könnte; da alle aus derselben Familie sind, alle dieselben äußeren Interessen verfolgen, würden die Rivalitäten, die unter ihnen entstehen können, niemals anarchische Züge tragen, denn sie gälten nur als Widerhall von Familienkonflikten.« Wenn man einem alten Text glauben will, »kannten die

Herzen nicht die allseitige Eifersucht« in den aus der Polygynie entstandenen Harems. Nach Granet »kannte (in jener Zeit) jede Ehefrau von vornherein alles das, was ihr Sexualleben ausmachen würde, wenn die Beaufsichtigung durch die Hauptfrau der Ordnung gemäß erfolgte«. Daher kam es, daß die Haremsfrauen weder die Eifersucht noch auch »irgendein persönliches Gefühl« kannten.

Sobald die Ordnung des Sororate aufgegeben wurde und die Ehefrauen aus verschiedenen Familien ausgesucht wurden, was in aufeinanderfolgenden Zeitabständen geschah, spielten die besänftigenden Einflüsse, die eine ältere Schwester gegenüber ihrer jüngeren Schwester ausüben konnte, im Harem keine weitere Rolle. Jede Frau versuchte nun, sich selbst in den Vordergrund zu bringen, Sinne und Herz des Gatten für sich zu erlangen. »Nichts hält sie zurück, ihren Charme zu benutzen, um ihren Herrn zu verführen; sie suchen zu gefallen, eine Liebe zu ihrer Person zu entfachen, eine Leidenschaft, die aus besonderen Empfindungen genährt ist, die ausschließlich sein soll und die die Eifersucht hervorrufen wird. In der höfischen Poesie, welche in den Prachtharems aufblühte, kamen persönliche Empfindungen zum Vorschein, die in der alten Volksdichtung fehlten: sie entsprechen dem Auftauchen von Eifersuchtstragödien, die in den oberen Adelsschichten schon häufiger wurden.« Vielleicht kann man diese Hypothese Marcel Granets nicht uneingeschränkt übernehmen, denn seit dem tiefsten Altertum erwähnt die Geschichte Frauen in Verbindung mit Schicksalstragödien. Hatte nicht um 1800 v. Chr. der Kaiser Kie, der letzte Herrscher der Hsia-Dynastie, aus Liebe zur Mo Hi alles aufs Spiel gesetzt? »Der göttlichen Bestrafung konnte er nicht entgehen«, sagt Mo-tzu. Zusammen mit Chou-hsin, dem letzten Shang-Prinzen (1154-1122 v. Chr.), wurde Kie von den Gelehrten oft als der Herrschertyp bezeichnet, den die Liebe einer Frau ins Verderben stürzte, was auch den Untergang der Dynastie bedeutete. Man höre Lo Pin-wang, den Zeitgenossen der Wu Tseht'ien: »Als die Drachenbrut Kaiserin wurde, wußte man, daß das Reich seinem Ende entgegenging.« Mit der Frau, »die aus der Drachenbrut geboren war«, war Pao-szu gemeint, die berühmte Favoritin des Königs You (781-771 v. Chr.). Sie lachte niemals.

Um sie zu erheitern, ließ You die Feuer anzünden, die einen Barbareneinfall anzukünden pflegten. Ihrem Lehnsherrn ergeben, eilten die Vasallen herbei, und endlich brach Pao-szu in Lachen aus. Später, als wirklich räuberische Eindringlinge ins Land gefallen waren und der König You dieselben Feuer anzünden ließ, rührten die Vasallen sich nicht, und You kam um. Ebenso wie die Pao-szu verdammt Lo Pin-wang die Chao Feiyen, »die fliegende Schwalbe«, die Favoritin und spätere Ehefrau des Kaisers Ch'eng aus der Frühen Han-Dynastie. Da sie selbst empfängnisunfähig war, ließ sie alle Kinder der Frauen des königlichen Harems abschlachten. Indem Lo Pin-wang diese Frauen und diese Untergangskönige angriff, wollte er die Chinesen zur Revolte gegen eine andere Frau »mit dem Herzen einer Schlange und eines Skorpions« anstacheln, gegen die Herrscherin Wu Tseh-t'ien. Was man auch immer über den Einfluß des Sororats auf das Liebesempfinden denken mag, es hat also in China seit den ältesten Zeiten Charaktere gegeben, die aus Gründen der Leidenschaft und der Eifersucht in Bewegung gerieten und auch umkamen.

China kennt selbstverständlich auch Fälle von treu ergebener Liebe, wie uns solche die Biographie der Kurtisane Li Wa aufführt: z.B. die Geschichte von Yang Chi-sheng und seiner Gattin aus dem 16. Jahrhundert. Diese Frau bat den Kaiser, sie anstelle ihres Mannes sterben zu lassen: »Da sein Verbrechen schwer und nicht zu verzeihen ist, bitte ich, daß man mich sofort verhafte, mich auf dem Marktplatz der Hauptstadt enthaupte und so meinen Tod anstelle meines Mannes annehme.«

Kurzum, das Liebesempfinden scheint ungeachtet der sozialen Klasse und des geistigen Niveaus nicht sehr verschieden von dem zu sein, wie es in unserer Kultur ausgeprägt ist. Beachten wir aber folgendes: Es kommt bei uns vor, daß derselbe Dichter mit der rechten Hand eine petrarkische Liebe hymnisch besingt (und warum nicht den Hâmur), während er mit der linken heimlich peinliche Verse priapischer und schweinischer Art verfaßt. Wegen des jüdisch-christlichen Bannfluchs haben wir nur wenige seltene Beispiele dieser heidnischen Unschuld, die auch für Griechenland so typisch war: »Der heilige Himmel ist trunken,

den Leib der Erde zu durchdringen«, schreibt Aischylos, ein Bild, das ein chinesischer Taoist gezeichnet haben könnte.

In der chinesischen Poesie unterscheidet sich die sehr häufig diskret geschilderte Erotik sozusagen in nichts von der Liebe.
    An dieser Stelle mögen z.B. drei Volkslieder von der Art *yüeh-fu* folgen:

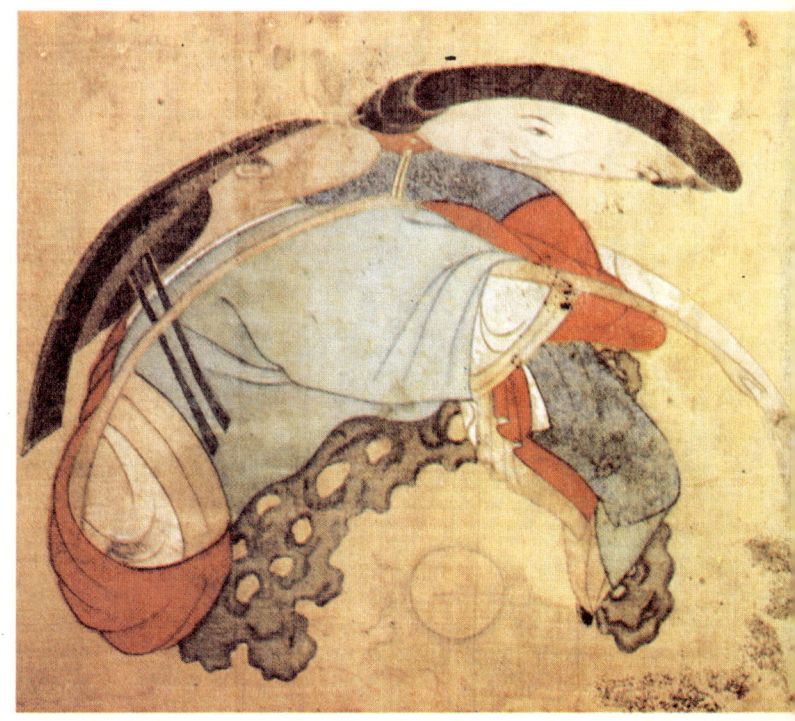

Offen das Fenster im Licht eines herbstlichen Mondes,
Die Kerze ausgelöscht, die Seidentunika gelöst,
Ersticktes Lachen unter Bettvorhängen:
Ihr ganzer Körper schwimmt im Tuberosenduft.

Die Verse, die als »erotisch« gelten, besingen ungekünstelt die körperliche Liebe, jedoch ohne Grobheit; mit Tuberose gebe ich die Blume wieder, die man im Chinesischen *hui-lan* oder *lan-hui* nennt, weil ich mit diesem Namen die berauschende Stärke des Duftes anklingen lassen möchte. Da es sich jedenfalls um eine Orchidee handelt, die an feuchten Plätzen wächst und folglich *yin* bedeutet, die aber auch besonders duftend ist, während bei uns die Orchidee vor allem als Blume des Luxus gilt, die eher zum Betrachten als zum Riechen geeignet ist, habe ich so den Grad der Sensibilität, den es auszudrücken gilt, wiederzugeben hoffen können.

Man lese ein zweites *yüeh-fu:*

In einer Nacht im Herbst erhebt sich frischer Wind;
Und hoch am Himmel leuchten Mond und Sterne.
Das Zimmer duftet, dort, wo man sich putzt und pudert.
Man wartet unterm Seidenvorhang auf den fernen Liebsten.

Das dritte möge folgen:

Der Herbst ist kühl, das Fenster offen, beide ruhen.
Schräg sendet seinen munt'ren Strahl der Mond.
Es ist um Mitternacht: kein Laut, kein Wort.
Nur aus dem Seidenvorhang dringt ein doppelt Lachen.

Alles wird bestimmt von den Freuden des Alkovens; wirklich aber ist keine drängende Rede, kein indiskretes Wort zu hören. Man vergleiche einmal damit die wortreichen Zoten eines Ronsard, eines Malherbe, sogar Verlaines ...

Auf diese drei Lieder, welche zweifelsohne aus den ersten vier oder fünf Jahrhunderten unserer Zeitrechnung datieren, will ich ein *tz'u* des Liu Yung anschließen. Dieser Dichter wurde kurz vor dem Jahre 1000 n. Chr. geboren und starb im Jahr 1050, wie man sagt, nur von Kurtisanen beweint, die die Kosten seines Begräbnisses trugen. In dieser Zeit, während der Sung-Epoche, erneuerte das *tz'u* die Formen der Poesie. Es brach mit der Strenge des herkömmlichen Verses und drückte sich in einer Art freieren Versmaßes aus; es wurde von bekannten Melodien begleitet. Das im Anschluß Wiedergegebene sang man nach der Weise des *P'o-lo-men-ling:*

> »Die letzte Nacht ging ich zur Ruh' in voller Kleidung. Auch heute legte ich mich nieder, nicht entkleidet. Ein wenig hatte ich getrunken und die erste Nacht im Rausch verbracht. Die Mitternacht vorüber. Was denn macht mich munter? Eiskalter Frost; und feiner Wind dringt durch das aufgesperrte Fenster; die Kerze schwankt und flackert. Im Bett bin ich allein und drehe, wälze mich herum und haste durch den feuchten Traum. Und auf dem Kissen bin ich aufgestützt und kann ihn weiterträumen kaum. Die Sinne sind verwirrt: dies schöne Land und dieser reine Himmel, wie nah sind sie, wie fern! Vergebens denken wir an uns mit Sympathie, die wechselseitig wäre; und kommen uns mit dieser Art von Sympathie auch niemals auf die Schliche.«

Die chinesische Wendung, die in diesem Text an Deutlichkeit nichts zu wünschen übrigläßt, heißt *yun-yu meng,* zusammengesetzt aus dem Wort für »Traum« *(meng)* und dem uns bekannten *yun-yu;* man versuche einmal, dies wörtlich ins Deutsche zu übersetzen! Es handelt sich um eine literarische Anspielung, von der bereits die Rede war. Wollte ich übersetzen »Traum der Wolken und des Regens«, wer würde das verstehen? Entscheide ich mich für »feuchter Traum«, so habe ich, wie mir scheint, bereits zuviel gesagt; noch mehr wäre dies der Fall, wenn ich mich mit »lasziver Traum« hervorwagte. Weil wir keinen gleichwertigen Ausdruck für *yun-yu* besitzen, sind wir dazu gezwungen, bei dem einzig wahren, aber diskret erotischen Sinn dieses *tz'u* in einer inadäquaten Übersetzung zu bleiben. »Zahllos sind die mehr oder weniger euphemistischen Stereotypen, die sich auf die Dinge der Liebe beziehen«, sagt P. Demiéville; zu diesen Wendungen, die jeder Chinese schon bei den ersten Lauten versteht, gehört der »Mondschein zum Mittherbst, der zur Tag- und Nachtgleiche in den Ländern des Monsuns so schön ist, wo man Feste feiert, seiner sich zu freuen«. Durchaus nicht ohne

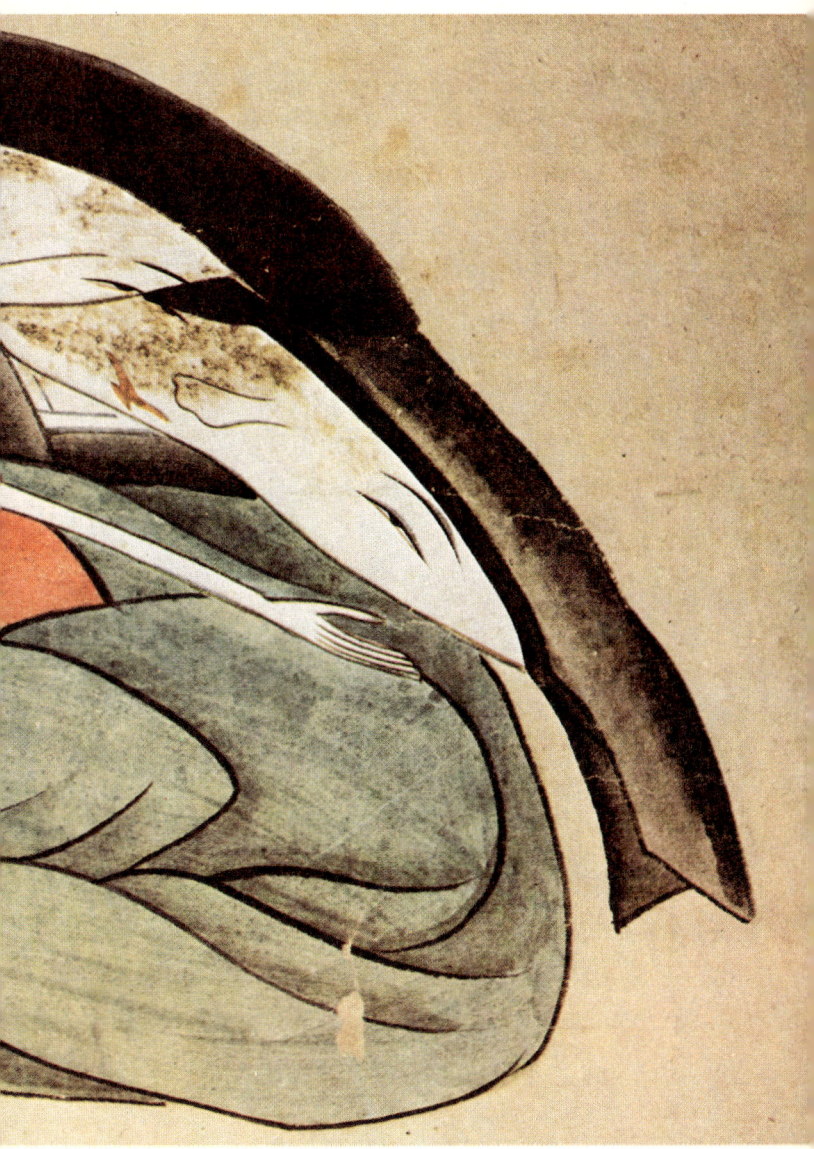

Absicht beschwören die *yüeh-fu,* von denen ich sprach, einen Mondschein im Herbst.

Zwischen den Gedichten, die als erotisch gelten könnten, und denen, die wir sicherlich als Liebesgedichte bezeichnen würden, ist die Abstufung oder Abwertung fast nicht zu spüren. Hier mögen drei Beispiele des Theaterdichters Kuan Han-ch'ing folgen, welcher während der Yüan-Dynastie in der Mitte des 13. Jahrhunderts, kurze Zeit vor Marco Polo, lebte.

I

Die Wolken meiner Löckchen, Schläfenhaarenebel, sind schwärzer als der Adlerflügel ...
Erraten kann man meine Lotusse aus Gold, verhüllt mit scharlachrotem Tuch,
Sieh nicht in mir die hassenswerte Blume, die fern von dem Gehege wächst.
Verwünscht seist du, mein heißgeliebter Feind!
Halb tändle ich, halb unterliege ich.

II

Jenseits des blauverhängten Fensters ist Stille, nichts ...
Am Fuße meines Betts auf Knien, brennt er, mich zu lieben.
Ich fluche meinem wankelmüt'gem Herz und wende ihm mich zu.
Indem ich ihn mit Schimpf und Vorwurf überhäufe,
Stoß ich ihn halb zurück und gebe halb mich hin.

III

Das Licht der Silberlampe ist erloschen, Weihrauchspiralen kräuseln sich.
Die Seidendecke zieh ich über mich allein, die Augen tränen.
Sehnsüchtig bin ich auf dem Lager ausgestreckt und so allein!
Die dünne Decke scheint mir dünner noch zu sein,
Halb warm, doch halb schon kalt.**

Liebesgedichte? Erotische Dichtung? Ob Liebe oder Erotik, es ist untrennbar. Sehr häufig scheint uns im übrigen das, was uns erotisch vorkommt, diesen Eindruck nur in seinem Bezug auf die herrschenden Sitten zu vermitteln, z. B. das wiederaufgenommene Thema von dem »Mädchen von fünfzehn Jahren«:

DER GARDEJUNKER
von Hsin Yen-nien

Es lebte einstmals beim dem Volk der Huo
Ein schöner Junker namens Feng Tseh-tu.
Auf den Kredit vertrauend seines Herrn,
Die Schenkenwirtin neckte er wohl gern.
Die schöne Fremde war nur fünfzehn Jahre alt,
Allein im Schankraum, trug sie zwiefach umgeschnallt
Mit Ärmelbausch ein langes Faltenkleid
Und feines Mieder noch, zur Frühlingszeit.
Auch Jade aus Lan-t'ien stak in den Haaren,
Arabiens Perlen hingen an den Ohren,
Und ihre Nackenzöpfe unvergleichlich waren,
Das Herz fühlt sich bei diesem Bild verloren.**

LIED NACH DER WEISE DES PRINZEN
VON LANG-YIH
Anonym

Ich kaufte einen fünf Fuß langen Degen,

Am Mittelpfeiler ist er aufgehängt.
Dreimal am Tage will ich ihn liebkosen,
Wohl öfter als die fünfzehnjährige Kleine.**

(Die Weise des Prinzen von Lang-yih datiert aus der Liang-Zeit
−502-556− und wird wohl in dem Distrikt Lang-yih in Shan-tung
heimisch sein. Man sang sie in Begleitung der Querflöte und des
Horns.)

Ein Kind von fünfzehn Jahren aus dem Land der Liao-tung,
Sie singt und tanzt und spielt auf der Gitarre,
Spielt uns das Lied der Grenzen auf der Liao-Flöte,
In unseren drei Heeren strömen Tränen gleich dem Regen.**

Die mit zwei Sternchen (**) gekennzeichneten Verse sind nach Auszügen aus der *Antholo-gie de la poésie chinoise,* herausgegeben von Paul Demiéville, Paris, Gallimard, 1962, 2. Aufl. 1969, übersetzt

DIE JUNGE MONGOLIN VON FÜNFZEHN JAHREN
von Chang Hsien (14. Jh.)

Die fünfzehnjährige Mongolin
Ist wie die vollerblühte Rose.
Wo kann man ihr begegnen?
In der Schenke von Ping-chou.
Gleich der Aprilsonne sind ihre Wangen,
Die Brauenkrümmung wie die fernen Berge.
Ihr feinstes Lächeln ist schon Einverständnis...
Warum bist hinterm Gazeschleier du verborgen?**

Die Heldin der berühmten Ballade von der Schönen aus Lo-yang, deren Autor Wang Wei ist (701-761), hat dieses Alter noch nicht überschritten und ist schon verheiratet:

Die Schöne von Lo-yang wohnt gegenüber;
An dem Gesichtchen kennt man ihre fünfzehn Jahre.
Der Ehemann hat einen Jadezügel und besteigt ein frommes Pferd;
Auf einem goldnen Teller hackt die Magd die Karpfen.**

Von den fünfzehnjährigen Mädchen waren die aus dem Wu-Lande ebenso berühmt wegen ihrer Schönheit als wegen ihrer Qualitäten als Kurtisanen. Vor langem habe ich ein Gedicht des Li T'ai-po übersetzt, der sie rühmt:

BEIM WEINE

Ein goldner Becher ist gefüllt mit Wein,
Das Kind aus Wu ist eben fünfzehn Jahre,
Zu köstlich noch, daß man sie schon beritte;
Sie spricht vulgär, doch singt sie, welch ein Wunder!
Bemalte Brauen, ausgezupft, und rotbestickte Schuhe;
Die Zöpfe sind mit Schildpatt reich verziert,
Ach, es berauscht das Herz!
Tief unter seerosenbemalten Decken,
Warum denn nicht? ...

Fei Szu-huang wird im 18. Jahrhundert auf dieses Thema zurückkommen:

DIE SCHÖNE AUS WU LOCKT ZUM WEINE

Das Kind aus Wu mit langem Haar ist fünfzehn Jahre,
Ihr Jadebecher lockt den Gast zur Lust des Weines.

Wie alt waren denn während des 18. Jahrhunderts unsere Romanheldinnen? Die Manon des edlen Des Grieux war genauso alt wie diese Mädchen aus Wu: fünfzehn Jahre, und die Heldinnen des *Faublas* sind kaum viel älter. Von der Mutterschaft zu sehr verbraucht und ohne einen guten Zahnarzt war die »Frau von dreißig Jahren« in jenen Zeiten am Ende, in denen die Lebenserwartung 35 Jahre nicht überstieg. Deshalb diese frühreife Liebe.

Den Versen über die Sehnsucht nach den jungen Mädchen stehen während der ganzen chinesischen Literatur Gedichte von der Trauer über die Trennung zur Seite. Immer wieder diese Trennungen! Nachdem die Liebe gegangen:

NACH DER WEISE
»DIE FREMDEN BODHISATTVAS«
von Wei Chuang

Im roten Pavillon belastet Trennungsschmerz die Zeit der Nacht,
Verströmt den Duft die Lampe hinter Fransen halbgeschlossener Vorhänge.
Es ist die Stunde, da der Mond schon schmal; und ich muß fort.
Mit tränenüberströmtem Antlitz sagt sie mir Adieu.
Zu Klängen der Gitarre, die mit grünem Quarz und Gold gefaßt,
Singt der goldene Pirol
Und zwingt mich, vor dem Morgen heimzukehren
Zum grünen Fenster, das an eine Blume mich gemahnt.**

196

Gewaltsam ist er von ihr getrennt: In Ch'ang-an, der Hauptstadt, träumt Tu Fu bei offenem Fenster von seiner Frau und seinen Kindern, die dort unten in Fu Chou geblieben sind.

> Ja, heute Nacht scheint auch der Mond in Fu Chou.
> Mein Weib wird ihn allein betrachten nur.
> Von fern bin ich gerührt, denk ich an meine Kinder,
> Sie sind zu klein zu fassen, was mich hält in Ch'ang-an.
> Der Nebelduft befeuchtet ihre weichen Haare,
> Unsanftes Kerzenlicht läßt ihre schönen Arme frösteln.
> Ach! Wann wohl werden wir, am bloßen Fenster lehnend,
> Indem wir es betrachten, unsere Tränen trocknen?

Vor allem wegen des Krieges:

KLAGE AUS DEM FRAUENGEMACH
von Chiang Tsung

> Am Rande der großen Straße schweigend steht ein blauer
> Pavillon;
> Und weißer Schnee liegt unterhalb des Fensters von Satin
> zuhauf.
> Vom Teiche trennen niemals sich die Enten;
> Beim Vorhang sind die Täschchen leer geblieben vom Parfüm.
> Der Paravent will nun das Mondlicht in sich sammeln;
> Die Lampe leuchtet schamlos auf den Schlaf der Einsamen.
> Westlich des Liao friert das Eis, und ist der Frühling ohne

> Kraft;
> Nördlich vom Chi fliegt mehr als tausend Stadien ein Vogel bis
> hierher.
> Ach, könntet Ihr doch, Berge, Pässe übersteigend,
> Meiner kurzen Schönheit Pfirsich-, Pflaumenblüten Euch
> erinnern!**

Als Zeichen der Verzehrung und Symbol des treuen Ausharrens der Gattinnen und Konkubinen besingt die chinesische Poesie den schlaffen Gürtel:

Willst wissen du, wie sehr ich an dich denke?
So sieh doch meinen Gurt, wie schlaff er ist!**

Auch das folgende gehört zu dieser Gattung:

In meinen Seidenkleidern wird der Leib von Tag zu Tag dünner.
Die Pfirsich- und die Pflaumenblüten büßten ihre Farbe ein.
Von meinem Herren träume ich, doch kehrt er nicht zurück;
Und wenn er wiederkommt, wird er mich dann erkennen?**

Unablässig gemahnen die Dichter des Schmerzes über die getrennten Gatten und Geliebten:

In diesem Jahre kehrt er wohl nicht mehr zurück.

oder:

Ich schrieb auf seinen Brief, die Trennung währte nun zu
lange.

Wenn wir nur einmal an das kaiserliche China denken, seine
Ausdehnung, die Langsamkeit der Nachrichtenübermittlung,
werden wir eher begreifen, daß es sich in diesem Falle nicht um
»Literatur« handelt.

Abgesehen von den Illustrationen, die so verwirrend für denjenigen sind, der ihre Symbolik nicht versteht, abgesehen auch
von den literarischen Anspielungen, welche für den Fremden so
schwer zu durchschauen sind, ist das Liebesempfinden der Chinesen in diesem Punkt von dem unseren nicht verschieden, so
unbegreiflich es auch im allgemeinen sei.

Wenn man endlich (wie ich hoffe, bald) das *Hung-lou-meng,*
den »Traum der roten Kammer«, in der Übersetzung lesen kön-

201

nen wird, die seit fast zehn Jahren d'Hormon und Li Che-hua vorbereiten, wird man besser noch als in den englischen und deutschen Übertragungen, abgesehen von den Verstümmelungen, die man in anderen Sprachen vorgenommen hat, sehen können, daß der Autor dieses Meisterwerks auch Formen unserer Liebesbeziehungen beschreibt. Ob Pao-yü im Traum ein Feenwesen besitzt, welches ihm alle Geheimnisse *von Wolken und Regen* anvertraut, ob er alsbald mit einer Dienerin die gescheiten Rezepte der taoistischen Erotik in die Praxis umsetzt, ob er unter beständigen Gewissensbissen seine Kusine liebt, nicht ohne ihr immer das Gegenteil von dem zu sagen, was er denkt (»wahrscheinlich war es immer so zwischen den Liebenden und wird es immer so sein«, schreibt der Autor, der, wie man sieht, die Untertöne kannte), er verirrt sich in Verstrickungen, die das Gemüt und die Sinne berühren und uns an Marivaux, Dostojewski und Proust denken lassen.

Und wenn man auch bald, wie ich denke[1], in einer französischen Übersetzung die vier Kapitel lesen können wird, die von der Erzählung des Shen Fu übriggeblieben sind, *Am schwankenden Faden der Tage* (ins Englische von Lin Yu-t'ang unter dem Titel *Six Chapters of a floating life* übersetzt), dann wird man verstehen, daß es, um die Erotik und die Liebe im chinesischen Sinne zu begreifen, nicht ausreicht, wenn man das *Jou p'u-tuan* oder das *Chin P'ing-Mei* auswendig kennt. Welche andere Literatur gibt von der ehelichen Liebe ein zugleich passenderes und weniger treffendes Bild? Im Herzen und durch den Geist ist Yun, die junge Frau, dem Shen Fu sicher ebenbürtig. Gibt es eine verführerischere Frau als sie, die zugleich schamhaft und sinnlich, gebildet, aufmerksam und liebevoll, aber auch unzufrieden und ihrer freimütigen Rede verpflichtet ist? Weder die Schwierigkeiten mit den Schwiegereltern, weder die Boshaftigkeit der Welt noch die Armut werden dieser Liebe etwas anhaben können.

---

1 Das ist bereits geschehen. Wir besitzen jetzt zwei französische Übersetzungen von diesem schönen Buch: Shen Fu, *Sechs Erzählungen vom schwankenden Faden der Tage (Six récits au fil inconstant des jours,* aus dem Chinesischen übersetzt von P. Ryckmans, Brüssel, F. Larcier, 1966) und Shen Fu, *Erzählungen von einem flüchtigen Leben. Erinnerungen eines armen Gelehrten (Récits d'une vie fugitive. Mémoires d'un lettré pauvre,* aus dem Chinesischen übersetzt von Jacques Reclus, mit einem Vorwort von P. Demiéville, Gallimard, 1968). Man wird mit Gewinn beide Versionen vergleichen, die im Ton leicht verschieden, aber die eine wie die andere ausgezeichnet sind.

Als Yun am 30. März 1803 stirbt, ist ihr Mann vierzig Jahre alt. Sie hatte ihm nahezulegen versucht, eine andere Frau zu suchen, die schön und tugendhaft wäre, doch lehnte er das ab: »Wenn wir uns wirklich auf halbem Wege trennen müssen, so glaubt mir, daß ich es niemals über das Herz brächte, mich wiederzuverheiraten. Welches Wasser ist angesichts des Ozeans noch dieses Namens würdig? Und wer je die Wolken vom Schamanenberge betrachtet hat, was anderes könnte für den noch die Bezeichnung Wolken verdienen?« Liebe und Erotik sind hier zu einem Ganzen geworden.

Die chinesische Erotik hat auf der Grundlage einer Metaphysik, welche mit dem Christentum unvereinbar ist, und in einem Reich entwickelt, dessen Sozialstrukturen und moralische Wertungen sich von den unseren fundamental unterscheiden, dennoch eine Poesie, Romane und Theaterstücke hervorgebracht, in denen sich die Gatten, die Geliebten und die Liebenden in Formen und Worten begegnen, die uns zutiefst berühren. Instinkt und sexuelle Technik wirken zu Gefühlen zusammen, in denen wir mit etwas erstauntem, aber frohem Wiedererkennen das finden, was man die menschliche Natur nennen muß.

遙見一道院甚壮麗生造焉適有女婦在内一婦似初笄

身衣縞素愁眉嬌慮淡映春雲雅態幽閒光燦秋月似西

子之淡粧宛文君之新寡一女年正及時華鬟飾玲瓏珠

玉綠襦雅麗鴛鴦一點唇朱即櫻桃之丸然双描眉秀

裏御柳之新鈎露綻錦之絳裙恍新粧之飛燕一女年最

幼苍容嫵媚柳腰輕盈層波細剪明眸膩玉圓摧素頸翠

裾駕繡金蓮小紅袖鴛綃玉笋長對月兩仙子凌波双浴

神侍姜數人環列左右生窺視之目蕩心馳自以為奇遇

Heyne ⚑ Ex Libris

*Die bibliophilen Taschenbücher.
Ein Programm
literarischer Kostbarkeiten.*

Hans W. Fischer
Buntes Karussell
der Kinderreime
46 / DM 8,80

Voltaire
Aphorismen und
Gedankenblitze
47 / DM 7,80

Das kleine
Schmetterlingsbuch
48 / DM 7,80

Die Weisheit Japans
49 / DM 6,80

Dagmar von Berg
Reiterbrevier
50 / DM 7,80

Exotische Völkerschau
51 / DM 8,80

Das kleine Vogelbuch
52 / DM 7,80

Galerie der Schönen
53 / DM 8,80

*Dagny Björnson-
Gulbransson*
Das Olaf
Gulbransson-Buch
54 / DM 12,80

Selma Lagerlöf
Die Heilige Nacht
Weihnachtserzählungen
55 / DM 7,80

*Andreas und
Angela Hopf*
Viel Glück
Aphorismen für alle Tage
56 / DM 7,80

Die Weisheit der
alten Ägypter
57 / DM 6,80 (Jan. '80)

*Andreas und
Angela Hopf*
Fabelwesen
58 / DM 7,80 (Febr. '80)

Manfred Kluge (Hrsg.)
Persische Miniaturen
59 / DM 7,80 (März '80)

Volks- und Küchenlieder
60 / DM 7,80 (April '80)

Wilhelm Heyne Verlag München

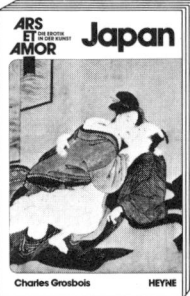